JN107647

アメリカ人の考え方は本から分かる

教養ある
アメリカ人が
必ず読んでいる

英米文学

42選

早稲田大学名誉教授
著 James M. Vardaman

アルク

Preface

The books, essays, plays, and short stories described in this book are virtual must-reads for educated Americans. This does not mean that every American has read every one of the selected works. But a strong case can be made that these works are elements in American cultural literacy. Through secondary school and college, Americans encounter these works or the ideas in them in one form or another. Some are fiction but carry a significant message. Others are nonfiction but deal with ideas, experiences, and ways of describing the American view of the world.

In learning the language of another country's people, one needs to know the common phrases of everyday exchanges, how to accomplish simple tasks, and what is expected in a given situation. To accomplish the very basics, one of course needs as much knowledge of the fundamentals of grammar and vocabulary as possible. Japanese learners of English are regularly told that they need to learn how to converse with native speakers, implying that the proper course is to practice listening and speaking.

That is true, of course. But this volume calls on the reader to go beyond everyday conversation and grasp the ideas that Americans learn, debate, believe, or deny. By reading a short summary—in English—you will learn how to express these ideas. You will also learn what ideas lie in the back of American thinking.

The summaries are purposely kept short—some are 250 words and the longest ones are 750 words. They cannot condense the complete meaning of each book. But they can lead you to discover an author, an American theme, a social issue, and a book to choose to read, one page at a time.

Reading and understanding an English story or essay is challenging, but it is an excellent way to build vocabulary, discover the nuances of phrases, and encounter the cultural base that is generally shared by people whose native language is English. This is referred to as cultural literacy, and you will definitely benefit from learning it. Without this cultural literacy, you will not truly grasp English beyond what a tourist might need in a foreign country.

James M. Vardaman

はじめに

　本書で紹介する本、エッセー、戯曲、短編小説は、教養あるアメリカ人にとって事実上、必読の書である。だからといって、すべてのアメリカ人が、ここで選んだ作品のすべてを読んでいるわけではない。しかし、これらの作品がアメリカ人の文化的素養を形作る要素だと言って差し支えないだろう。中・高校から大学までの間に、アメリカ人は何らかの形でこれらの作品や、そこに登場する思想に出会う。あるものは架空の話だが、重要なメッセージを含んでいる。また、ノンフィクションでありながら、アメリカ人の考えや経験、世界観を描写する方法について論じている。

　他国の人々の言葉を学ぶには、日常的なやり取りでよく使われるフレーズや、ちょっとした物事のやり方、ある状況で何が期待されているかを知る必要がある。ごく基本的なことをこなすために、当然ながら、できる限りの文法や語彙の基礎知識が必要である。日本人の英語学習者は常々、ネイティブ・スピーカーとの会話の仕方を学ぶ必要があると言われる。それは必然的に、リスニングとスピーキングを練習するのが適切なルートとなる。

　それはもちろん正しい。しかし本書は、日常会話にとどまらず、アメリカ人が何を学び、議論し、信じ、あるいは信じないかをつかむことを皆さんに求めている。要約を「英語で」読むことで、これらの考えをどう表現するかを学ぶことができる。また、アメリカ人の考え方の奥底にはどのような思想が潜んでいるのかを知ることもできる。

　要約はあえて短くしてあり、250語のものもあれば、長いものでも750語にとどめた。それぞれの本の完全な意味を凝縮することはできない。しかし、その本の作者やアメリカにおけるテーマ、社会問題、そして何を読むべきかを一ページずつ発見するきっかけにはなる。

　英語の物語やエッセーを読んで理解することは難しいが、語彙を増やし、フレーズのニュアンスを発見し、英語を母国語とする人々が一般的に共有している文化的基盤を知るための、とてもいい方法である。これは文化的教養と呼ばれるもので、これを学ぶことは、あなたにとって必ず利益になる。この文化的教養がなければ、外国で観光客が必要とする以上の英語を真に理解することはできないだろう。

2024年1月　ジェームス・M・バーダマン

Contents

Chapter **4**
思想と理想

📖 本書の使い方

いかに読むか

本書に掲載されている本、エッセー、戯曲、評論、短編小説などの要約（あらすじ）は、英語中級くらいの力がある学習者にとって比較的理解しやすい英語で書いた。**辞書を使わずに、またできるだけ右側の翻訳や下の語注を見ずに一読する**ことをお勧めする。そして分からない単語やフレーズの意味を推測してみよう。

二回読んでやはり理解できなかったら、語注を見る、語注にない単語やフレーズは辞書を引く。できれば学習者用の英英辞書が良いが、英和辞書でも構わない。自分で調べることが学びの第一歩となる。その単語の使い方を完全に理解するまでは時間がかかるかもしれないが、やがて定着し、使いこなせるようになるだろう。

なお、本のカバーに「5分で読める」とあるが、これは、日本人の英語学習者（中級程度の英語力を持つ学習者）が英語を読む速度を160 wpm（word per minute ＝ 1分間当たりの語数）とし、本書に掲載した、著作1本のあらすじの一番長い750語（6ページ）のものがほぼ読み切れる分数として提示してある。あらすじは他に250語（2ページ）、500語（4ページ）のものがあり、つまり、全て5分以下で読み切れるということだ。ただし、一回では理解できずに複数回読みたいものもあるだろうから、「5分」は一つの目安としてとらえてほしい。

「原書の英語の難易度」について

この本に掲載した英語の原書を一冊でも読んでみたいという皆さんのために、それぞれの作品について「原書の英語の難易度」を4つ星（★☆☆☆→★★★★）で示した。星1つは、日本人の読者にとって比較的易しく読めるもの、星2つは1つよりも難易度が上がるもの、星3つは、4つほど難しくは高くないが、ハードルの高いもの、星4つはかなり難しいので、できれば後ほどコラムで紹介するリライト版（グレイデッドリーダー、ラダーシリーズなど）、あるいは翻訳で読むことをお薦めしたい。

この「原書の英語の難易度」は、**(1)語彙のレベル、(2)予備知識の必要性、(3)文法構造の難易度**をベースに決定した。著者の主観的評価であり、反論もあるかもしれないがご容赦いただきたい。自分のレベルに合っているかどうかを知るためには、原書を手に取り（電子版でもいいだろう）、数ページめくってみて、大まかなイメージがつかめるかどうか試してみるといい。もしレベルが合っていそうであれば、もう少し進んだ、本の途中の数ページを読んでみよう。それもこなせるなら、その本の英語はあなたの現時点の英語力に合った難易度と言える。

次ページに作品ごとの原書の英語の難易度のリストを上げておく。

本書を読み終わったあとに

(1) 英語力アップに直結させるために

　自分の英語で、ここに出ている本について誰かに3～4文で伝えることができるだろうか？　一度目は本書のあらすじをまねて、ここに出てくる単語やフレーズを使って試してみるのもいい。2回目は、あらすじを見ないようにしてやってみよう。

　読んだ内容を忘れないように、英語でまとめたものを日記につけてもいいかもしれない。新しい用語や表現を定着させ、英語力を強化するために、毎日英語を少しずつ書く学習者もいる。時間はかかるが英語を書く習慣は必ずあなたの力になる。

(2) 原書で読む

　これらのあらすじは速読用のものではない。本の内容に興味がある、注意深い読者向けである。本書では各作品のごく基本的な紹介しかしていないので、興味を引かれるものがあれば、毎日数ページずつ、原書を読んでみるのもいい。

　原書を読むときも、読んでいる途中で単語を調べてはいけない。想像力を働かせよう。重要なのは読み続けることであり、いちいち立ち止まってすべての単語を調べたりしないことだ。集中力が途切れてしまい、話の流れが分からなくなってしまうからだ。2度目に読んだ後、単語やフレーズの意味が分からないためにあらすじが理解できない場合は、調べよう。

　一冊の原書を読み通すには数週間から数カ月かかるかもしれないが、ぜひ試してみてほしい。一度読破すれば、一冊の本を読んだという満足感が得られるだろう。その過程で、登場人物の気持ちややりとり、行動の理由などを「英語で」学ぶことができる。これが最も重要なことなのだ。

(3) 原書のリライト版を読む

　ここに掲載した作品の中には、原文がかなり難しいものがある。例えばマーク・トウェインの『ハックルベリー・フィンの冒険』は、登場人物の描写とその根底にあるメッセージの重要性から強くお勧めしたいが、方言で書かれているため、ネイティブでない読者には非常に難しい。こうしたものをもし英語で読みたい場合は、リライト版（ラダーシリーズ、グレイデッドリーダーなど。p.132参照）をお勧めする。

(4) 翻訳を読む

　もう一つの選択肢は、日本語訳を読むことだ。英語の勉強にはならないが、アメリカ文化や社会、歴史について学ぶことができるだろう。本書では各作品について、書店や図書館で入手可能だと思われる邦訳タイトルを一つ以上、それぞれの作品の最後に掲載した。ご自身の判断で最適な翻訳本をお選びいただきたい。

(5) 映画で見る

　本書で紹介した本の中には映画化されたものもある。映画版は原作とは異なるかもしれないが、原作の一つの解釈を知ることができるし、作品の雰囲気や時代背景をつかむのに役立つこともある。原作の読解に取り組む前に、映画版を見てみるのもいいかもしれない。

Chapter

1

📖

異なる世界

01 📖 *The Great Gatsby,* by F. Scott Fitzgerald
─A Pessimistic Portrayal of the American Dream─

Set in New York in the 1920s ❶Jazz Age, this is the story of ❷self-made millionaire Jay Gatsby and his attempt to reestablish a relationship with a wealthy, young woman named Daisy Buchanan, whom he loved in the past. In the years that have ❸elapsed since they last met, she has married a ❹brutish — but extremely wealthy — man named Tom Buchanan.

The story is narrated by Nick Carraway, a graduate of the elite Yale University, who had left the Midwest for New York to take up a career selling ❺bonds. Nick tells the story of his experiences with Gatsby and Daisy during one summer as their neighbor.

Nick rents a small cottage in the fictional village of West Egg on Long Island, east of Manhattan, surrounded by the ❻mansions of the newly rich. Across the bay in East Egg lives a higher class of noble families, including that of Nick's cousin Daisy, who invites him to come to her house for dinner. In a private moment, she ❼confesses to Nick that she is very unhappy. When Nick returns to his small house that evening, for the first time he sees his neighbor, Jay Gatsby, standing on his deck looking across at the green light at the end of Tom and Daisy's dock.

Eventually, Nick meets Gatsby, who explains he is a graduate of Oxford University in England and has ❽inherited enormous wealth. Nick later learns that this is all untrue.

---

❶ Jazz Age: ジャズ・エイジ ※1920年代の
好景気のアメリカのこと。p. 48参照
❷ self-made: 自分で作った、自力で成功した
❸ elapse: 経過する
❹ brutish: 獣のような、残忍な

❺ bond: 債権
❻ mansion: 大邸宅、豪邸
❼ confess: 打ち明ける
❽ inherit: 〜を相続する、〜を受け継ぐ

『グレート・ギャツビー』
F. スコット・フィッツジェラルド著
―アメリカン・ドリームの悲観的描写―

1920年代のジャズ・エイジのニューヨークを舞台に、自力で大富豪になったジェイ・ギャツビーが、かつて愛したデイジー・ブキャナンという裕福な若い女性と再び関係を築こうとする物語。二人が最後に会ってから過ぎ去った年月の間に、彼女はトム・ブキャナンという残忍だが大金持ちの男と結婚していた。

物語の語り手は、エリート校のイェール大学の卒業生で、証券売買の仕事に就くために中西部からニューヨークに出てきたニック・キャラウェイである。ニックはある夏の間、ギャツビーとデイジーの隣人として過ごした体験を語る。

ニックはマンハッタンの東、ロングアイランドのウェスト・エッグという架空の村に、成金の豪邸に囲まれた小さなコテージを借りている。入り江を隔てたイースト・エッグには、ニックの従姉妹デイジーを含む上流階級の名家が居を構えており、ニックはデイジーの家に夕食に招かれる。プライベートなひととき、彼女はニックに自分がとても不幸だと打ち明ける。その晩、ニックが自分の小さな家に戻ったとき、彼は初めて隣人のジェイ・ギャツビーを見掛ける。ギャツビーはデッキに立って、向こう岸のトムとデイジーの船着き場の端にある緑の灯火を見ていた。

やがてニックはギャツビーと知り合う。彼は自分がイギリスのオックスフォード大学を卒業し、莫大（ばくだい）な富を相続していると説明する。ニックは後に、この話がすべて嘘（うそ）だと知る。

映画『華麗なるギャツビー』（1974）より。
写真：Mary Evans Picture Library／アフロ

Nick learns that Gatsby had known Daisy five years earlier in Louisville and they had been in love. While Gatsby was in the army in World War I, she married Tom. Gatsby [9] purposely bought his house on West Egg so he could be near Daisy and perhaps renew their relationship.

After much [10] maneuvering, Nick helps Gatsby and Daisy meet again [11] in the privacy of his own small home. This is the beginning of a complicated story in which Gatsby tries to get Daisy to leave Tom, Tom finds out that Gatsby has earned his money selling illegal liquor — during [12] Prohibition — and Nick discovers that Tom has a mistress. At the end of the tale, Gatsby is shot dead by Tom's [13] mistress's husband. Tom and Daisy leave Long Island, and Nick decides to return to the Midwest after seeing the [14] degrading elements of the East.

The Great Gatsby [15] superbly captures the United States in the 1920s, with its [16] hedonism, immorality and enormous economic gaps. There is also a clear expression of racism and a fear that non-whites might [17] take over the country. The novel has continued to be [18] relevant a century later as an examination of the hopes — and failures — of the American Dream. Nick, Gatsby and Tom are three completely different types. East Egg and West Egg are worlds apart in social terms. The novel portrays the materialism and ambition among the rich and a [19] depressingly hopeless underclass that we would recognize today. Not only is *The Great Gatsby* [20] arguably the best American novel, it is also highly relevant even now.

---

[9] purposely: わざと、故意に
[10] maneuver: 策略を使う、工作する
[11] in the privacy of 〜: 〜の中でこっそりと
[12] Prohibition: 禁酒法（時代）　※p. 48参照
[13] mistress: 愛人
[14] degrading: 品位を下げるような、堕落的な

[15] superbly: 見事に、素晴らしく
[16] hedonism: 快楽主義
[17] take over 〜: 〜を乗っ取る、〜を掌握する
[18] relevant: 今日的な、意義のある
[19] depressingly: 陰鬱に、気がめいるほど
[20] arguably: ほぼ間違いなく、きっと

　ニックは、ギャッビーがデイジーと5年前に（ケンタッキー州）ルイビルで知り合い、恋仲だったことを知る。ギャッビーが第一次世界大戦で軍隊にいる間に、彼女はトムと結婚した。ギャッビーは、デイジーの近くにいれば、もしかしたら二人の関係をやり直せるのではという思いで、わざわざウエスト・エッグに家を買ったのだ。

　ニックはあれこれ策を弄し、ギャッビーとデイジーが彼の小さな家で密会するのを手助けする。こうして始まる、複雑なストーリーの中で、ギャッビーはデイジーをトムから引き離そうとし、トムはギャッビーが禁酒法時代に違法な酒を売って金を稼いでいたことを突き止め、ニックはトムに愛人がいることを知る。物語の最後には、ギャッビーはトムの愛人の夫に射殺される。トムとデイジーはロングアイランドを去り、ニックは東部の堕落要因を見て中西部に戻ることを決意する。

　『グレート・ギャツビー』は、享楽主義と不道徳と激しい経済格差に満ちた1920年代のアメリカを、見事に捉えている。人種差別や、非白人がアメリカを支配するかもしれないという恐怖も明確に表現されている。この小説は、アメリカン・ドリームの希望と挫折を検証する作品として、一世紀を経た現在にもなお通じるものがある。ニックとギャツビーとトムはまったく異なるタイプの三人である。イースト・エッグとウエスト・エッグは、社会的な条件が隔てられた別世界だ。この小説は、富裕層の物質主義と野心、そして憂鬱なほど絶望的な下層階級を描いているが、それは今日も見られるものだ。『グレート・ギャツビー』は、最高のアメリカ小説と言うことができるだけでなく、現在でも大いに通用するものである。

NOTE

[原書の英語の難易度　★★☆☆]

特に難しい英語で書かれているわけではないので、原書に挑戦してみる価値はある。また、この小説の映画版もいくつかあり、1920年代の人々や彼らのライフスタイルを知るのに役立つ。

『グレート・ギャツビー』
F. スコット・フィッツジェラルド著／
1925年刊

フィッツジェラルド（1896-1940）の代表作であると同時に、現在ではアメリカ文学を代表する傑作の一つ。アメリカ中西部の貧農の家に生まれて立身出世を夢みるジェイ・ギャツビーは、違法な手段で巨万の富を得た。大富豪の妻となったかつての恋人デイジーを取り戻すため、ロングアイランドに豪邸を構えて彼女に近づくが、デイジーの夫の術中にはまる。ギャツビーがアメリカン・ドリームを求めながら破滅する過程を、同じく中西部出身のニックの語りで描く。「ジャズ・エイジ」と言われた1920年代アメリカの狂騒的享楽と悲哀を描きつつ、東部の上流階級の精神的荒廃を批判した作品。

「原書の英語の難易度」は、★☆☆☆（比較的易しい）～★★★★（かなり難しい）の4段階です。詳しくはp. 8-9をご覧ください。

15

A Streetcar Named Desire, (play) by Tennessee Williams

— Decline of a Former Southern Belle —

The play presents the experiences of a former "Southern ❶belle" named Blanche DuBois. She arrives at the New Orleans apartment of her younger sister, Stella, and brother-in-law, Stanley Kowalski, by riding on the Desire streetcar line, ❷hence the title.

Blanche married young and is ❸deceptive about what happened to that marriage, why her husband committed suicide and how she reacted to his death. She claims that she has taken a leave of absence from her English-teaching job because of her nerves, but that turns out to be a lie. In her 30s, penniless and with nowhere else to go, she has ❹descended on her sister's apartment.

Blanche acts as if she is still a beautiful, ❺prim young woman and deserves everyone's attention. However, she is obviously aware that her age shows, and she has a drinking problem. She criticizes the ❻shabby apartment and Stanley's rough manners, even calling him "common" — a ❼derogatory term for ❽vulgar. Stanley, in return, dislikes her ❾immensely.

There are arguments about how Blanche handled the ❿inheritance of a once-large ⓫plantation, Stanley's violence and Blanche's interest in Stanley's friend Mitch. Eventually the relationships become so tense that Stanley arranges a one-way bus ticket for Blanche to return to her home.

Tensions rise. Eventually, Blanche has a mental breakdown. A doctor and nurse come to take her to a mental hospital. She eventually ⓬surrenders to her fate and leaves, saying to the doctor, "Whoever you are — I have always depended on the kindness of strangers."

---

❶ belle: 美しい娘
❷ hence: したがって、このゆえに
❸ deceptive: ごまかしの、人をだますような
❹ descend on 〜: 〜に押しかける、〜を急襲する
❺ prim: 上品ぶった、こぎれいな
❻ shabby: みすぼらしい

❼ derogatory: 軽蔑的な
❽ vulgar: 粗野な、がさつな
❾ immensely: とても、非常に
❿ inheritance: 相続、遺産
⓫ plantation: プランテーション、大農園
⓬ surrender to 〜: 〜に降参する

『欲望という名の電車』(戯曲)
テネシー・ウィリアムズ著
—南部美人の没落—

　この戯曲は、ブランチ・デュボアという、かつては"南部美人"ともてはやされた女性の体験を描いている。彼女は、妹のステラと義弟のスタンリーが住むニューオーリンズのアパートに、本作品のタイトルが由来する、Desire（欲望）という路面電車の路線に乗ってやってきた。

　ブランチは若くして結婚したが、その結婚生活に何があったのか、なぜ夫が自殺したのか、夫の死に自分がどう反応したのかを正直に話そうとしない。神経症状により英語教師の仕事を休職したと主張するが、それは嘘だと判明する。30代で無一文、他に行くあてもない彼女は、妹ステラのアパートに押しかけたのだ。

　ブランチは、自分がまだ美しく上品な若い女性であり、誰からも注目されるべき存在であるかのように振る舞う。しかし、明らかに年齢の現れを自覚しており、飲酒の問題を抱えている。彼女はこのみすぼらしいアパートとスタンリーの粗野な振る舞いを批判し、彼のことを"common"（「下品」という意味の蔑称）とまで呼ぶ。それを受けて、スタンリーは彼女をひどく嫌っている。

　かつての大農園の相続をブランチがどう処理したか、スタンリーの暴力、スタンリーの友人ミッチに対するブランチの関心などを巡って口論が起こる。やがて関係は緊迫し、スタンリーはブランチを帰らせるためのバスの片道チケットを手配する。

　緊張が高まる。やがてブランチは精神が崩壊する。彼女を精神科病院に連れて行くため、医者と看護婦が来る。とうとう運命に屈した彼女は、医者にこう言って去っていく——「あなたが誰であろうと、私はいつも見知らぬ人の親切に頼ってきました」。

NOTE

［原書の英語の難易度　★★★☆］

　この戯曲は上演され続けている。1951年のヴィヴィアン・リーとマーロン・ブランド主演の映画版は特に高く評価された。なおタイトルは、ルイジアナ州ニューオーリンズにあるDesire Street（欲望通り）を走っていた路面電車に由来する。

『欲望という名の電車』
テネシー・ウィリアムズ著／1947年初演

　劇作家テネシー・ウィリアムズ（1911-'83）の3幕からなる戯曲。1947年に初演・出版され、その年のピュリツァー賞演劇部門を受賞した。当時最も称賛された戯曲の一つで、ニューオーリンズを舞台に、かつて美貌を誇った名家出身の女性ブランチ・デュボアの精神的・道徳的崩壊と破滅を描く。性に関していまだ保守的だったアメリカ社会において、同性愛、少年愛、レイプといったきわめて衝撃的な内容を描いたことも話題になった。

03 📖 *Things Fall Apart,* by Chinua Achebe

— The Chasm Between Old and New Ways —

Beginning in the 1960s, younger American readers began to realize that Asia and Africa offered new ways of thinking, turning to works like this Nigerian novel. The author wrote it in English, intending it to be read in the West.

Okonkwo is the leader of an Igbo community. The author describes his rise to ❶ manhood, banishment from the community for seven years and return from exile.

The novel presents the problems of ❷ emerging Africa: the impact of white Christian missionaries and colonial governments on traditional tribal cultures. It realistically portrays the ❸ disintegration of tribal beliefs and communal ties, in Okonkwo's own life and that of his tribe. Okonkwo's personal story is that of a respected ❹ warrior who has to lead his people and take responsibility for ❺ a multitude of problems.

In the background are the missionaries who tell the Igbo that their gods are false and that the God of Christianity is the only true ❻ deity. The villagers find it hard to ❼ cast aside their own religion and burn the missionary church. Their leaders are jailed and punished. In the end, to take responsibility for this disaster, Okonkwo hangs himself.

We get a broad view of Igbo culture, values and beliefs that are ❽ disintegrating as the West impresses its will on Africa. Achebe provides insight into an entirely different world and how Western culture has negatively affected Africa. The whites bring ❾ medicine and education, but they destroy tribal ties and the sense of ❿ self-worth supported by traditional society.

---

❶ manhood: 男らしさ、(男の) 成人であること、壮年期
❷ emerging: 新興の、新生の
❸ disintegration: 崩壊、分裂
❹ warrior: 戦士
❺ a multitude of ～：多くの～

❻ deity: 神
❼ cast aside ～: ～を捨てる、～を振り払う
❽ disintegrate: 崩壊する
❾ medicine: 医学、医療
❿ self-worth: 自尊心、自負

『崩れゆく絆』
チヌア・アチェベ著
―新旧の流儀のはざまで―

1960年代から、アメリカの若い読者たちはアジアやアフリカに新しい考え方があることに気づき始め、このナイジェリアの小説のような作品に目を向けた。欧米で読まれることを意図して、作者はこの作品を英語で書いた。

オコンクォはイボ族の共同体のリーダーである。作者はオコンクォが一人前になるまでと、共同体からの7年間の追放、そして追放からの帰還を描いている。

この小説は、新興アフリカの問題――伝統的な部族文化に対して白人キリスト教宣教師と植民地政府が与える影響――を提起している。オコンクォ自身の人生と部族の生活において、部族が信じてきたものと共同体の絆が崩壊していく様をリアルに描いている。オコンクォ個人の物語は、部族を率い、多くの問題に責任を負わなければならない、尊敬される戦士のものである。

背景には、イボ族の神々は偽りであり、キリスト教の神のみが真の神であると説く宣教師たちの存在がある。村人たちは、自分たちの宗教を捨てることに抵抗を覚え、宣教師の教会を燃やす。彼らの指導者たちは投獄され、処罰される。最後には、この災難の責任を取るために、オコンクォは首をつる。

私たちは、西洋がアフリカにその意志を押し付けるにつれて崩壊してゆくイボ族の文化、価値観、信仰を広く見渡すことができる。アチェベは、まったく異なる世界について、また西洋文化がアフリカにどのような悪影響を及ぼしてきたのかについて、洞察を与える。白人は医療と教育をもたらすが、部族の絆と、伝統社会が支える自尊心を破壊するのだ。

NOTE

[原書の英語の難易度 ★★★☆]

自国の文化を理解する一つの方法は、異国の文化を深く観察し、その国の人々が伝統や変化とどのように向き合っているかを見ることである。本書はその格好の機会を与えると同時に、アフリカにおける、目を見張るべき文化について描いている。

『崩れゆく絆』
チヌア・アチェベ著／1958年刊

「アフリカ文学の父」と呼ばれる、ナイジェリア出身イボ人のアチェベ(1930-2013)の最高傑作。古くからの呪術や風習が根づくアフリカの共同体が、イギリス人の入植で変わっていく様子を描く。一代で名声と財を成したイボ族の男オコンクォ。彼が村を離れている間に、宣教師たちがやってきて、村に教会を建設する。彼の息子や差別を受けていた者たちは宣教師の言葉に魅せられ、村の結束は徐々に崩れていく。

04 📖 *Invisible Man,* by Ralph Ellison
—Nameless Young Black Man's Struggle—

Ralph Ellison's deeply moving novel is about the search for Black American identity. The main character, who is never named, begins his story speaking from his basement "hole" residence. It is an underground room ❶wired with hundreds of lights, ❷lit with electricity stolen from the New York City ❸electric power grid.

The narrator ❹reflects on the ways he has endured "social invisibility," beginning in his youth in a small Southern town. After graduating from high school, he won a scholarship to an all-black college. During college, he is asked by the college president to ❺chauffeur a white college ❻trustee out to the old slave ❼quarters near the campus. Unfortunately, this results in exposing the wealthy, old white man to the "underside" of Black life outside the campus. In the end, the narrator is ❽expelled from school. The university president gives him "letters of recommendation" that are supposed to help him find a job. The narrator then travels to New York, but the letters are of no help at all.

He says that he is "invisible," simply because people refuse to see him. When white people approach him, they only see his surroundings. They look "through" him, not "at" him. They do not recognize him as a ❾fellow human being, but only as an "image": one Black man is the same as every other Black man. They only recognize white people as being human beings.

---

❶ wire: ～に電線を引く
❷ light: ～を明るくする　※過去形・過去分詞には lighted も lit も用いられる
❸ electric power grid: 電力網、送電網
❹ reflect on ～: ～を熟考する、～を回想する
❺ chauffeur: ～の運転手を務める

❻ trustee: 理事、評議員
❼ quarter: （特定の住民が住む、また特定の用途の）地区、地域
❽ expel: ～を追放する、～を除名する
❾ fellow: 仲間の

『見えない人間』
ラルフ・エリソン著
―名もなき黒人青年の葛藤―

　ラルフ・エリソンの心動かされるこの感動的な小説は、アメリカ黒人のアイデンティティーの探求をテーマにしている。名前が明かされることのない主人公は、地下の「穴ぐら」のような住居から話を始める。そこは何百もの照明が配線された地下の部屋で、ニューヨーク市の送電網から盗んだ電気で照らされている。

　語り手は、南部の小さな町で過ごした少年時代に始まった「社会的不可視」にどう耐えてきたかを振り返る。高校卒業後、奨学金を得て黒人だけの大学に入学。大学時代、彼は学長から、白人の大学理事をキャンパス近くの旧奴隷地区まで送り届けるよう頼まれる。不運なことに、その結果、裕福な白人の老人はキャンパス外の黒人生活の「裏側」に触れることになる。結局、語り手は退学処分を受ける。大学の学長は、就職に役立つはずの「推薦状」を彼に渡す。その後、語り手はニューヨークへ旅立つが、推薦状はまったく役に立たない。

　彼は、ただ人々が彼を見ようとしないから、自分は「目に見えない」のだと言う。白人は彼に近づいても、彼の周囲しか見ない。「彼を透かして」見るのであって、「彼を」見るのではない。彼らは彼を同じ人間として認識せず、ただ「イメージ」としてしか認識しない。一人の黒人は、他のすべての黒人と同じなのだ。彼らは白人しか人間であると認識しない。

ラルフ・エリソン（1914-'94）。
写真：GRANGER.COM／アフロ

The narrator is like other Black Southerners who have ⑩migrated to Chicago, New York and other cities of the North. When he first arrives in Harlem, the center of Black culture in New York City, he discovers a major difference between the South and the North.

When he begins to ⑪mingle with the evening crowds in Harlem, he hears the street-corner speakers and ⑫preachers. Most of the ⑬rousing speeches deal with the injustices that white people have ⑭imposed on people of color, not only in America but also in other countries. He has come from Alabama, in the South, where Black people are treated with ⑮cruelty and are completely unable to defend themselves or even protest. Surprised at how different things are in the North, he comments, "I never saw so many ⑯Negroes angry in public before." And he discovers Black ⑰nationalists who appear to be working to solve the Black community's problems. He eventually discovers that there is a wide range of local people, from very ⑱considerate to very self-centered.

In the epilogue of the novel, the narrator claims that he is ready to return to the world and stop hiding from it. He has told his story to help people see beyond his invisibility and provide hope for people who face similar struggles. He has described his own struggles, but he may also be describing the reader's struggles, too.

---

⑩ migrate: 移住する
⑪ mingle with ～: ～と混ざり合う
⑫ preacher: 牧師、説教者
⑬ rousing: 人を奮起させるような、活気のある
⑭ impose on ～: ～に課す、～に押し付ける
⑮ cruelty: 残酷さ

⑯ Negro: 黒人　※他人種が用いると侮辱的な意味合いを帯びるが、黒人自らが尊厳を込めて頭文字を大文字にして用いることがある
⑰ nationalist: 民族主義者
⑱ considerate: 思いやりのある、理解のある

　語り手は、シカゴやニューヨークといった北部の都市に移住した、他の南部黒人と同じだ。ニューヨーク市の黒人文化の中心地であるハーレムに初めて到着したとき、彼は南部と北部の大きな違いを発見する。

　ハーレムの夜の群衆に交じり始めると、街角の演説者や説教者の声が聞こえてくる。その熱のある語りのほとんどは、アメリカでだけでなく他の国々も含め、白人が有色人種に押し付けてきた不公平についての話だ。彼は南部のアラバマから来たが、そこでは黒人は残酷な扱いを受けていて、自衛することも抗議することもまったくできない。北部でのあまりの違いに驚いた彼は、「これほど多くの黒人が公共の場で怒っているのを見たのは初めてだ」と言う。そして、黒人社会の問題解決に取り組んでいるとおぼしき黒人民族主義者を発見する。やがて彼は、地域の人々には思いやりのある者から自己中心的な者まで、さまざまな人がいることを知る。

　この小説のエピローグで語り手は、自分はもう世間に戻って、世間から隠れるのをやめる準備ができていると主張する。彼が自分の物語を語ったのは、人々が彼の不可視性の向こう側にあるものを見るのを助け、同じような苦難に直面している人々に希望を与えるためである。彼は自分自身の葛藤を描いているが、読者の葛藤も描いているのかもしれない。

NOTE

［原書の英語の難易度　★★☆☆］

黒人がアメリカの白人社会で無視され、軽んじられているという、1950年代のエリソンの指摘は、依然として問題だ。これが近年のブラック・ライブズ・マター（p. 28参照）という運動にも結び付いている。

『見えない人間』
ラルフ・エリソン著／1952年刊

アメリカの黒人作家ラルフ・エリソン（1914-'94）が一人称で書いた、黒人としての自己発見についての長編小説。「見えない人間」とは、アメリカ社会における黒人が置かれた立場の比喩。1930年代、南部の黒人大学を放校になり、ニューヨークに来た「僕」は、演説の才を見込まれて政治活動に参加することに。しかしハーレムでの人種暴動のさなか、マンホールの中に落ち、古いビルの地下室で生活するうちに、白人社会における黒人は「見えない存在」だと気づく。人種差別への抗議という枠を越え、第二次世界大戦後のアメリカ小説の傑作とされる。

05 *The Bonfire of the Vanities, by Tom Wolfe*

―Greed and Corruption in the City―

Sometimes referred to as the ❶quintessential novel of the 1980s, the story portrays a successful New York City bond trader named Sherman McCoy. He considers himself to be one of the "Masters of the Universe." Despite his high income, in order to maintain his lifestyle with his wife and young daughter in an expensive Park Avenue apartment in Manhattan, he quickly ❷depletes his financial resources.

In addition, he is having an affair with a younger woman named Maria, who is the ❸socialite wife of another millionaire. While picking her up at an airport one night, he takes a wrong turn in the Bronx. Two young Black men approach their car, which is driven by Maria, and as they speed off, she hits one of the young men. Sherman and Maria try to keep their involvement in the accident a secret.

But there were witnesses, and information about the incident ❹leaks to a ❺tabloid newspaper. A leader of a local African-American group takes advantage of the event to ❻spark social change.

---

❶ quintessential: 典型的な
❷ deplete: ～を使い果たす
❸ socialite: ソーシャライト、(親や夫が資産家のおかげで) 裕福な女性
❹ leak to ～: (情報が) ～に漏れる

❺ tabloid newspaper: タブロイド紙　※スキャンダルやセンセーショナルな事件報道に力を入れる大衆紙
❻ spark: ～の火付け役となる、～を誘発する

『虚栄の篝火』
トム・ウルフ著
―都会の強欲と腐敗―

　時に1980年代の典型的小説とも呼ばれるこの物語は、ニューヨーク市で成功を収めた債券トレーダー、シャーマン・マッコイを描いている。彼は自らを「宇宙の支配者」の一人だと思っている。高収入にも関わらず、マンハッタンのパーク・アベニューの高級アパートで妻と幼い娘との生活を維持するために、彼はあっという間に財力を使い果たしてしまう。

　さらに、彼はマリアという年下の女性と不倫関係にある。マリアは、とある大富豪の、裕福な妻だ。ある夜、空港に彼女を迎えに行った彼は、ブロンクスで道を間違える。マリアが運転する車に二人の黒人青年が近づき、スピードを上げて走り去ろうとした際、彼女は青年の一人をはねてしまう。シャーマンとマリアは事故への関与を秘密にしようとする。

　しかし目撃者たちがおり、タブロイド紙に事件の情報が漏れる。地元のアフリカ系アメリカ人グループのリーダーは、この出来事を利用して社会変革を起こそうとする。

NOTE

[原書の英語の難易度　★★★☆]

小説のタイトルは、1497年にイタリアのフィレンツェで起こった出来事に由来する。この街を実質的に支配していた悪名高き司祭サヴォナローラは、罪深き「虚栄心」と見なした本や美術品、化粧品などを市民から没収し、祭日に広場で燃やした。本作におけるタイトルは、1980年代のニューヨークの行き過ぎた野心、貪欲、人種差別、物質主義を指している。それはまた特に経済的に成功した人々が、最低限の生活で家族を養うために懸命に働く普通の人々を犠牲にして、当然のように享受している特権のことでもある。

Abe Weiss, the current **❼**district attorney, **❽**prosecutes Sherman as a means of gaining Black votes in his campaign for reelection. The Assistant District Attorney, Larry Kramer, **❾**seizes the case as an opportunity to impress a woman he'd like to have an affair with.

Sherman's legal issues **❿**interfere with his work performance, and he fails to secure a large investment for a project that he is working on. Success in that project would save his home, his lifestyle and his family. His professional life and private life both fall apart. His wife and daughter leave him, and he **⓫**is suspended from his position at the firm. By the time rumors **⓬**circulate that the driver was Maria and not Sherman, she has fled the U.S.

Maria's husband, in the meantime, has a heart attack and dies. Maria returns for the funeral and sees Sherman, and it comes out that the rumor has been discovered and the truth made public. Kramer, using an illegal recording device, hears her explanation of the event and offers her a deal if she will **⓭**testify. But the case is thrown out.

By the end of the novel, the current update on all of the characters shows that Maria has escaped prosecution and remarried, while Sherman is about to be tried again for his part in the crime. He is still broke and is living alone. The journalist in the newspaper that published the details of the incident has won a Pulitzer Prize for journalism.

---

❼ district attorney: 地方検事　※一般選挙で選出される

❽ prosecute: 〜を起訴する、〜を告訴する　※下から4行めのprosecutionは名詞形

❾ seize: 〜を捉える、〜をつかむ

❿ interfere with 〜: 〜を妨げる、〜を邪魔する

⓫ be suspended from 〜: 〜を停職になる

⓬ circulate: (うわさ・デマなどが) 流れる、広まる

⓭ testify: 証言する

　現職の地方検事エイブ・ワイスは、再選を目指す選挙戦で黒人票を獲得する手段としてシャーマンを起訴する。地方検事補のラリー・クレイマーは、関係を持ちたい女性の気を引くチャンスとしてこの事件を利用する。

　シャーマンの法律問題は仕事に支障をきたし、取り組んでいるプロジェクトで多額の投資を獲得することに失敗する。そのプロジェクトが成功すれば、家も生活も家族も守れるはずだったが、仕事も私生活も破綻する。妻と娘は彼の元を去り、彼は会社で停職処分となる。運転手がシャーマンではなくマリアだったといううわさが流れる頃には、彼女はアメリカから逃亡していた。

　その間にマリアの夫は心臓発作を起こして亡くなる。葬儀に戻ったマリアはシャーマンを見かけ、うわさが発覚して真実が公になったことを知る。クレイマーは違法な録音機で彼女の説明を聞き、証言するようマリアに取引を持ちかける。しかし、（証拠の違法性により）起訴は取り消される。

　小説の終わりに登場人物たちの現在が紹介されるが、マリアが起訴を免れて再婚した一方で、シャーマンは犯罪に関与した罪で再び裁かれようとしている。彼はまだ一文無しで一人暮らしをしている。事件の詳細を掲載した新聞の記者は、ジャーナリズム部門でピュリツァー賞を受賞している。

『虚栄の篝火』
トム・ウルフ著／1987年刊

ノンフィクション作家でジャーナリストのトム・ウルフ（1930-2018）の初の長編小説作品。1980年代のアメリカ文学における最重要作品と言われる。ウォール街で成功を収めていた主人公のマッコイは、不倫相手の運転する車で黒人青年をはねてしまう。ひょんなことからこのネタを耳にした新聞記者は、その記事でマッコイを追い詰めていく。誰もが頂点を目指すが、ごく一握りの人間しかそこにたどりつけない、都会の虚飾とエリートの転落を描く。

バーダマン先生の
英米文学を読むための基礎知識①

本書で取り上げた文学作品に出てくる、アメリカ史において重要な事件や事象、考え方などを示す用語を取り上げました。

abolitionist movement　奴隷制度廃止運動　アメリカ合衆国の奴隷制反対運動において、ウィリアム・ロイド・ギャリソンの機関紙『ザ・リベレーター』（解放者）発刊（1831）を契機に、奴隷制度の「即時・全面・無条件」の廃止を基本理念に急速に北部社会で展開された急進的改革運動。中心人物に、逃亡奴隷として北部人に衝撃をもたらしたフレデリック・ダグラスらがいる。

Black Lives Matter (=BLM) Movement　BLM（ブラック・ライブズ・マター）運動
黒人への暴力や人種差別の撤廃を訴える運動の総称。特に白人警官による、無抵抗な黒人への暴力や殺害、不平等な取り扱いへの不満を訴える。日本語の定訳はいまだない。2012年2月、フロリダ州で黒人少年のトレイボン・マーティンが、元自警団団員に射殺された事件を受け（トレイボン・マーティン射殺事件）、2013年、SNS上で、#BlackLivesMatter というハッシュタグが拡散されたのが発端。これに対抗して All Lives Matter（誰の命も平等に重要だ）という言葉も生まれた。

Black Panther　ブラックパンサー、黒豹党員　1965年頃に結成された、黒人解放を訴えるアメリカの急進的政治組織。元は黒人指導者マルコムXの主張を受け継ぎ、都市部の貧しい黒人が居住するゲットーを警察から自衛することを目的とした。

Civil Rights Movement　（アフリカ系アメリカ人）公民権運動　※1950年代後半から60年代にかけてアメリカで盛んになった、マイノリティー（主に黒人）に対する差別の撤廃を求める運動。1955年12月にアラバマ州モンゴメリーで、黒人女性のローザ・パークスが公営バスで席を譲るよう命じた白人に従わなかったために「人種分離法」で逮捕・投獄。これに対してマーティン・ルーサー・キング牧師がバスボイコット運動を展開、全米に反響を呼ぶ。1956年、合衆国最高裁判所が「バス車内における人種分離（＝白人専用および優先座席設定）」を違憲とする判決を出すと、南部諸州各地で黒人の反人種差別運動が盛り上がりを見せた。

Civil War　（アメリカ）南北戦争　1861-'65年。奴隷制廃止を掲げるエーブラハム・リンカーンが1860年に大統領選に当選したことを機に、翌年、奴隷制存続を主張する合衆国南部のミシシッピー州やフロリダ州など11州が離反してアメリカ連合国（Confederate States of America）を結成、合衆国にとどまった北部23州との間で始まった内戦。1865年に合衆国が勝利して終結する。この戦争では史上初めて近代的な機械技術が主戦力として投入された。

Confederate Army　連合軍、南軍　1861年にアメリカ合衆国から離反して成立した、アメリカ連合国（Confederate States of America）の軍。対する北軍は Union Army。

counterculture　カウンターカルチャー、反体制文化　元々は既存の価値観に反発する考えを指す。その代表例に1969年のウッドストック・フェスティバルで知られる、1960年代のアメリカで隆盛をきわめた若者文化がある。彼らは価値・文化多元主義、東西の宗教を融合したニューエイジ宗教、社会主義的平等、自由恋愛、マイノリティーの尊重、フェミニズム、LGBT（性的マイノリティー）の受容、ドラッグの合法化、自然との調和・エコロジーなどを主張した。

Cuban Missile Crisis　キューバ危機　ソ連が弾道ミサイルをキューバに配備し始めたことで1962年10月、米ソ冷戦の対立が激化し、核戦争寸前まで危機が高まったがそれを間一髪で回避した13日間を指す。

→ p. 48に続く

Chapter

2

歴史と年代記

06 📖 *Gone With the Wind,* by Margaret Mitchell
—Tomorrow is Another Day—

In the Atlanta, Georgia, museum ❶dedicated to Margaret Mitchell and her novel, *Gone With the Wind*, the tour visits the actual apartment where she and her husband lived and where she wrote the novel during her free time from writing as a journalist for a local magazine. One of the first things one notices is a towel covering a manual typewriter on a small table. The guide explains that Mitchell always put a towel over the novel she was writing so that no one would notice this fictional tale.

From one ❷perspective, the novel portrays the American South, known as ❸Dixie, as a land of beautiful women, true gentlemen and a lifestyle that blended hospitality, honor and true ❹nobility. This ideal white world differed from the ❺crude, capitalistic North, land of the "Yankees," who shared none of the wonderful characteristics of the Southerners.

This "beautiful world" was destroyed during the Civil War. Northern armies then occupied the South, freed the slaves and controlled the government for over a decade. The dreamy world of the ❻cavaliers and their ladies was gone.

The heroine Scarlett O'Hara, especially in the movie version of the novel, had considerable appeal to women attracted to her beauty, her ❼determination and her optimistic spirit: "After all, tomorrow is another day."

---

❶ (be) dedicated to ～: ～にささげられた
❷ perspective: 見方、視点
❸ Dixie: 米国南部諸州
❹ nobility: 気高さ、高潔さ
❺ crude: 粗野な、下品な
❻ cavalier: 騎士道精神にのっとった紳士
❼ determination: 決断力、意志の強さ

『風と共に去りぬ』
マーガレット・ミッチェル著
―あしたはあしたの風が吹く―

　ジョージア州アトランタにある、マーガレット・ミッチェルと彼女の小説『風と共に去りぬ』を記念した博物館のツアーは、彼女と夫が住み、彼女が地元雑誌のジャーナリストとして執筆活動の合間に小説を書いた実際のアパートを見学する。最初に目につくのは、小さなテーブルの上に置かれた手動タイプライターを覆うタオルだ。ガイドの説明によれば、ミッチェルはこの架空の物語を誰にも気づかれないように、執筆中の小説にいつもタオルをかけていたのだという。

　ある視点から見れば、この小説はディキシーとして知られるアメリカ南部を、美しい女性、真の紳士、もてなしと名誉と真の気高さが調和した生活様式の土地として描いている。この理想的な白人の世界は、粗野で資本主義的な北部とは異なる。北部は南部人の素晴らしい特徴を何一つ共有しない「ヤンキー」の土地であった。

　この「美しい世界」は南北戦争で破壊された。北軍はやがて南部を占領し、奴隷を解放し、10年以上にわたって政府を支配した。紳士と貴婦人たちの夢のような世界は消えてしまった。
　ヒロイン、スカーレット・オハラは、特にこの小説の映画版では、その美しさ、決断力、楽観的な精神――「あしたはあしたの風が吹く」――に引かれた女性たちを大いに魅了した。

映画『風と共に去りぬ』（1939）より。ヴィヴィアン・リー（＝スカーレット・オハラ。左）とハティ・マクダニエル（＝マミー。右）。写真：Photofest／AFLO

The ❽mythical "Old South" portrayed in *Gone With the Wind* focuses on interactions between the ❾chivalrous gentleman Ashley Wilkes, the ❿self-sacrificing, forgiving Melanie Hamilton, the self-centered Scarlett O'Hara and the social ⓫cad Rhett Butler. But if one pays closer attention, one will notice how Black people are portrayed — and what is left unsaid.

The movie is entertainment focused on rich white people, so we don't see the harsh working conditions of the Black slaves, the poor housing they live in or how they are treated by the cruel white ⓬overseer. There is no mention of how slave families could be broken up and family members sold separately to different buyers. There is no mention of the severe whippings for ⓭disobedience.

The one exception in the movie version is Mammy, the stereotype of an overweight, maternal, reliable, middle-aged Black woman wearing an apron and a ⓮kerchief on her head. In the movie, she is played by Hattie McDaniel*. Mammy is strong, wise and devoted to her "white family." She raises the children, scolds them when necessary and gives herself to them — even if she has children of her own. She may eat better and dress better than field slaves, but she is a ⓯nonperson. This stereotype continued into the 20th century in the treatment of domestic workers, cooks and hotel maids. They continued to be nonpersons.

---

❽ mythical: 神話の、伝説的な
❾ chivalrous: 礼儀正しく親切な、騎士道の
❿ self-sacrificing: 自己犠牲的な
⓫ cad: 下劣な男、育ちの卑しい男
⓬ overseer: 監督
⓭ disobedience: 反抗、不服従
⓮ kerchief: カーチフ　※頭に巻く布
⓯ nonperson: 存在しないものとされる人

『風と共に去りぬ』で描かれる神話的な"旧南部"は、騎士道精神に富む紳士アシュレー・ウィルクス、自己犠牲的で寛容なメラニー・ハミルトン、自己中心的なスカーレット・オハラ、社交界のはみ出し者レット・バトラーの交流に焦点を当てている。しかし、注意深く見れば、黒人がどのように描かれ、何が語られていないかに気づくだろう。

この映画は裕福な白人に焦点を当てたエンターテインメントなので、黒人奴隷の過酷な労働条件や彼らが住む劣悪な住居、残酷な白人監督による扱いなどは描かれていない。奴隷の家族がどのようにバラバラにされ別々の買い手に売られていったかについても触れられていない。不服従に対する厳しいむち打ちについても触れられていない。

映画版における唯一の例外はマミーで、太っていて母性的、頼りになる中年の黒人女性というステレオタイプで、エプロンを付け、頭にカーチフを巻いている。映画ではハティ・マクダニエルが演じている。マミーは強く、賢く、"白人一家"に献身的である。一家の子どもたちを育て、必要なときには叱り、子どもたちに身をささげる──自分にも子がいるというのに。彼女は農場奴隷よりも良いものを食べ、良い服を着ているかもしれないが、存在する人間ではない。この固定観念は、20世紀に入っても家事労働者、料理人、ホテルのメイドの扱いに受け継がれた。彼らは非人間であり続けたのだ。

NOTE

[原書の英語の難易度 ★★★☆]

アメリカ人にとって映画は重要なメディアであり、映画から文学作品に触れる機会も多い。また本作品の原書は、日本人になじみのない世界について、方言を多用して書かれているため、ここでは映画版を中心に取り上げた。後日談だが、映画版『風と共に去りぬ』でのマミー役の演技により、1940年、ハティ・マクダニエルは助演女優賞を受賞した。しかし、授賞式で彼女は隔離されたテーブルに座らなければならなかった。黒人の出席者が白人と一緒に座ることは許されなかったのだ。

『風と共に去りぬ』
マーガレット・ミッチェル著／
1936年刊

アメリカ南部のジョージア州アトランタを舞台に、南北戦争開戦から敗戦の時代、アイルランド系移民の父とフランス系名家出身の母を持つ、美しく、気性の激しいスカーレット・オハラの半生を描いた長編時代小説。ミッチェル（1900-'49）は10年近い歳月をかけて本作品を執筆し、出版翌年にピュリッツァー賞を受賞した。題名は南北戦争という「風」と共に、絶頂にあったアメリカ南部白人たちの、古き良き文化社会が消え「去った」ことを意味する。日本でも広く愛読され、舞台化もされている。スカーレットをヴィヴィアン・リー、レット・バトラーをクラーク・ゲーブルが演じた映画版が有名。

The Old Testament of the Bible
(New Revised Standard Version)
— "In the Beginning, God Created Heaven and Earth." —

The Old Testament begins with ❶the Book of Genesis, which describes the mythical origins of the universe and the relationship between God and humankind. Genesis says that God created the world in six days and on the seventh day rested from this work. Therefore, the seventh day, ❷the Sabbath, is a day when people should ❸worship God and not work.

Adam and Eve are placed in the Garden of Eden and told by God how to live. They break God's commands and are punished for their "sin." This concept of "sin" is called "the Fall" and Eve's temptation becomes a fundamental theme in American literature, such as Nathaniel Hawthorne's ❹ *The Scarlet Letter*.

The Old Testament tells us that the human race became evil and God decided to destroy it by flooding the land, and only Noah, his family and two of every kind of living creature are saved in an ❺ark that God had commanded Noah to build. The flood destroys the world, and Noah and his descendants create a new world order.

Among the descendants of Noah was a man named Abraham, who became the founder of ❻Judaic tradition, Christian belief and Islamic faith. Abraham showed his faith by ❼obediently preparing to kill his only son, Isaac, as a sacrifice to God. At the last minute, God stopped him because Abraham had proven he was absolutely faithful. Jews claim Abraham as their ancestor.

---

❶ the Book of Genesis: 創世記
❷ the Sabbath: 安息日
❸ worship: 〜を崇拝する、〜に礼拝をささげる
❹ *The Scarlet Letter*: 『緋文字』 ※ナサニエ
　ル・ホーソーンの小説。p. 152参照

❺ ark: ノアの箱舟
❻ Judaic: ユダヤ人の、ユダヤ教の
❼ obediently: 従順に、素直に

『旧約聖書』
（新改訂標準訳聖書）
―「初めに、神が天地を創造した」―

　旧約聖書は、世界の神話的な始まりと神と人類の関係を記した創世記から始まる。創世記は、神は6日間で世界を創造し、7日目にその仕事を終えて休んだとしている。したがって、7日目、安息日は、人々が神を崇拝すべき日であり、働いてはいけない。

　アダムとエバ（イブ）はエデンの園に置かれ、神から生き方を教えられた。彼らは神の命令を破り、「罪」のために罰せられる。この「罪」の概念は「堕落」と呼ばれ、エバの誘惑はナサニエル・ホーソーンの『緋文字』などのアメリカ文学の基本的なテーマとなる。

　旧約聖書は、人類が邪悪になり、神は大地を水で覆って人類を滅ぼそうと決心したと伝えており、神がノアに命じて造らせた箱舟の中で、ノアとその家族、そしてすべての種類の動物一つがいずつだけが救われた。洪水は世界を破壊し、ノアとその子孫は新しい世界秩序を創造する。

　ノアの子孫の中に、ユダヤ教の伝統、キリスト教信仰、イスラム教信仰の創始者となったアブラハムという人物がいた。アブラハムは、神へのいけにえとして一人息子のイサクを殺す準備を従順に行うことで、その信仰を示した。最後の瞬間、神はアブラハムを止めた。アブラハムが完全に忠実であることを示したからである。ユダヤ人はアブラハムを自分たちの祖先だと主張している。

NOTE

[原書の英語の難易度　★★☆☆]

これらの物語に触れるのに、キリスト教徒、ユダヤ教徒、イスラム教徒である必要はない。非信者にとっても、聖書は共通の遺産であり、聖書の物語はしばしば文学作品のモチーフやテーマとなっている。キリスト教を知るだけではなく欧米文化を理解するための一冊でもある。

When famine struck the lands in Israel where Abraham's family lived, they were forced to go to Egypt, where Abraham's son Joseph had become a high-ranking ❽official to the ❾Pharaoh. For several centuries, the ❿Israelites were treated fairly in Egypt, but eventually they came to be treated as slaves.

It was Moses who stood up to the Pharaoh and demanded that he let "God's people" leave Egypt. In ⓫the Book of Exodus, after confronting the Pharaoh with many miracles, Moses leads his people out of Egypt. With the powers God has given him, Moses separates the waters of the Red Sea so that the people of Israel can escape. The waters then return and the Pharaoh's pursuing army is destroyed.

Moses leads his people eventually to Mount Sinai, where they ⓬camp. God calls Moses to come up the mountain. At the top of the mountain, Moses receives the Ten Commandments, which will become God's main laws for the Israelites. The Israelites then wander around ⓭the Sinai Peninsula for 40 years until they are finally allowed to cross over the Jordan River and enter the "Promised Land," Canaan. Moses appoints Joshua to be his successor and then dies, without reaching ⓮the Promised Land himself.

Old Testament stories are frequently referred to in American literature, culture and history. Many of the writings of William Faulkner and Dr. Martin Luther King Jr. refer to these stories of the Old Testament. Black spirituals, of course, tell these stories in musical form. And numerous English phrases originate from events in the Old Testament.

---

❽ official: 公務員、高官
❾ Pharaoh: ファラオ ※古代エジプトの王の称号
❿ Israelite: 古代イスラエル人 ※現代のイスラエル人は Israeli
⓫ the Book of Exodus: 出エジプト記

⓬ camp: 野営する、短い間住む
⓭ the Sinai Peninsula: シナイ半島 ※アラビア半島とアフリカ大陸をつなぐ三角形の半島。1967年の第3次中東戦争以来、イスラエルが占領していたが、1982年エジプトに返還
⓮ the Promised Land: 約束の地

　アブラハムの家族が住んでいたイスラエルの地を飢饉が襲ったとき、彼らはエジプトに行くことを余儀なくされた。そこでは息子のヨセフがファラオの高官になっていた。数世紀の間、イスラエルの民はエジプトで公平に待遇されていたが、やがて奴隷として扱われるようになった。

　ファラオに立ち向かい、「神の民」をエジプトから出国させるよう要求したのはモーセだった。出エジプト記では、多くの奇跡を見せてファラオと対決した後、モーセは民を率いてエジプトを脱出する。神から与えられた力によって、モーセは紅海の水を割り、イスラエルの民が脱出できるようにした。その後、水は戻り、追ってきたファラオの軍隊は滅ぼされる。

　モーセはやがて民をシナイ山に導き、そこで宿営する。神はモーセを呼び、山に登らせる。山の頂上でモーセは十戒を授かり、これがイスラエルの民に対する、神の主要なおきてとなった。その後、イスラエル人は40年間シナイ半島をさまよい、ついには、ヨルダン川の対岸にある約束の地カナンに入ることが許される。モーセはヨシュアを後継者に任命し、約束の地に自らは到達することなく、死んでしまう。

　旧約聖書の物語は、アメリカの文学、文化、歴史の中で頻繁に引用されている。ウィリアム・フォークナーやマーティン・ルーサー・キング・Jr.の著作の多くが、旧約聖書のこれらの物語に言及している。黒人霊歌はもちろん、これらの物語を音楽の形で語っている。そして数多くの英語のフレーズが、旧約聖書の出来事に由来している。

『旧約聖書』

ユダヤ教およびキリスト教の正典。有名な天地創造から、神とイスラエルの民との契約によって、国造りのためにイスラエル民族が導かれる苦難の道のりが語られる。「旧約」とは神とイスラエル民族との古い契約という意味だが、ユダヤ教徒にとっては「旧」ではなく、これが唯一の「聖書（正典）」である。

08 *Bury My Heart at Wounded Knee, by Dee Brown*
─Native Americans' History of the American West─

Until the 1960s, American history textbooks focused on the white Europeans who ❶migrated to North America. That began to change slowly when ❷the Civil Rights Movement called for attention to the history of Black Americans, who made major ❸contributions to the creation of the country. An important side effect of this was more attention given to the ❹Indigenous Peoples, also known as American Indians or Native Americans. No single book did more to spark this than Dee Brown's *Bury My Heart at Wounded Knee.*

When European colonists first crossed the Atlantic to reach the East Coast of North America, the lands ❺were populated by hundreds of tribes of Indigenous People. Without the help of these tribes, the colonists would not have survived. When these Europeans settled and claimed land as property, however, conflicts arose. Those conflicts grew violent as the newcomers pushed the tribes westward.

This conflict continued despite treaties made by the new American government that guaranteed protection of Native American homelands. No European settlers were supposed to live in these Native homelands. The tribes were supposed to be treated as ❻sovereign nations.

But the American government did not keep its promises. Instead, it allowed whites to push westward, and it defended the whites rather than the Native Americans. White Americans began to treat Native Americans as primitive, ❼treacherous and only controllable with violence. Whites stole land and murdered Native Americans, but the government did little to prevent these crimes.

---

❶ migrate: 移住する

❷ the Civil Rights Movement: 公民権運動 ※1950年代後半から60年代にかけてアメリカで盛んになった、マイノリティー（主に黒人）に対する差別の撤廃を求める運動。p. 28参照

❸ contribution: 貢献

❹ Indigenous Peoples: 先住民 ※indigenous は「（地域や国に）土着の」の意味

❺ be populated by 〜: 〜（土地）に居住している

❻ sovereign nation: 主権国家

❼ treacherous: 不誠実な

『わが魂を聖地に埋めよ』
ディー・ブラウン著
―アメリカ西部の先住民の歴史―

　1960年代までアメリカの歴史教科書は、北米に移住したヨーロッパ系の白人に焦点を当てていた。この状況は公民権運動により、国の創設に大きく貢献した黒人系アメリカ人の歴史への関心が集まると、少しずつ変化し始めた。その重要な副次的効果として、アメリカン・インディアン、あるいはネイティブ・アメリカンとしても知られる先住民への注目が高まった。ディー・ブラウンの『わが魂を聖地に埋めよ』は、その最大の火付け役となった本だ。

　ヨーロッパの入植者たちが初めて大西洋を渡ってアメリカ東海岸に到達したとき、その土地には何百もの先住民の部族が住んでいた。これらの部族の助けがなければ、入植者たちが生き延びることはできなかっただろう。しかし、これらのヨーロッパ人が定住し、土地の所有を主張するようになると、紛争が生じた。新参者たちが部族を西へと押しやるにつれ、こうした対立は暴力的になっていった。

　この紛争は、アメリカ新政府が彼らの生まれ育った土地の保護を保証する条約を結んだにも関わらず続いた。アメリカ先住民の生まれ育った土地にはヨーロッパ人入植者は住まないことになっていた。各部族は主権国家として扱われるはずだった。

　しかしアメリカ政府はその約束を守らなかった。それどころか、白人が西へと突き進むのを許し、アメリカ先住民よりも白人を擁護した。アメリカ白人は先住民を原始的で不誠実、暴力でのみ支配できる存在として扱うようになった。白人は土地を盗み、先住民を殺害したが、政府はこれらの犯罪をほとんど防ごうとしなかった。

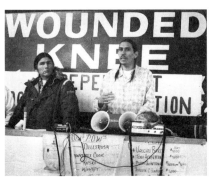

1973年、アメリカインディアン運動のウーンデッド・ニーの集会にて。
写真：ZUMAPRESS／アフロ

Young Americans learned about one specific ❽confrontation in 1876, when various tribes whose lands had been stolen — despite treaties with the American government — surrounded and ❾massacred a white ❿cavalry troop led by George Armstrong Custer at the Battle of the Little Bighorn.

It was Dee Brown's 1970 book that showed how desperate the Native Americans were and, for the first time, many Americans became aware of how cruel the American government, the settlers and the army had been and continued to be. His book told how the U.S. army trapped a group of ⓫Lakota Indians at Wounded Knee Creek in the winter of 1890 and massacred more than 270 people — 170 of whom were women and children. It was an ⓬atrocity, a ⓭betrayal of Native people.

The Wounded Knee Massacre, why it happened and what happened afterward were new topics to most Americans, and the book sparked interest in Native American history and a revision of opinion about the tribes.

⓮Stimulated by the Civil Rights Movement, ⓯the American Indian Movement (AIM) gathered at the symbolic Wounded Knee hamlet, a town of about a hundred residents, in 1973 to declare that Wounded Knee had become the Independent Oglala Nation. Anti-war groups, ⓰Chicanos and ⓱Black Panthers supported them, and there were demonstrations in the U.S. and abroad in support. ⓲Besieged by police, National Guard soldiers and the FBI, the AIM protesters held out for 71 days. Eventually ⓳the White House agreed to investigate the AIM complaints and the Native Americans withdrew.

The Wounded Knee occupation and Dee Brown's book caught national and international attention and drew ⓴unprecedented interest in Native American struggles.

---

❽ confrontation: 衝突、対立
❾ massacre: ～を虐殺する
❿ cavalry: 騎兵隊
⓫ Lakota: ラコタ　※サウスダコタ州に保留地を持つ北米先住民。スー族とも呼ばれる
⓬ atrocity: 残虐行為
⓭ betrayal: 裏切り行為
⓮ stimulate: ～を刺激する
⓯ the American Indian Movement: アメリカインディアン運動　※1968年にミネアポリスで

結成されたアメリカ先住民の権利運動団体
⓰ Chicano: チカーノ　※メキシコ系アメリカ人が、そのアイデンティティーに誇りを持って自らを指す言葉
⓱ Black Panther: ブラックパンサー、黒豹党員　※p. 28参照
⓲ besiege: ～を包囲する
⓳ the White House: ※「アメリカ大統領官邸」を指すが、転じてアメリカ政府のこと
⓴ unprecedented: 前例のない

アメリカの若者たちが教わっていたのは1876年に起こったある特定の紛争についてだ。土地を——アメリカ政府との条約にも関わらず——奪われたさまざまな部族が、リトル・ビッグホーンの戦いでジョージ・アームストロング・カスター率いる白人騎兵隊を取り囲み、虐殺したというものだ。

アメリカ先住民がどれほど追い詰められていたかを示したのは、1970年に出版されたディー・ブラウンの本であり、多くのアメリカ人は初めて、アメリカ政府、入植者たち、そして軍がどれほど残酷であったか、またあり続けたかを知った。彼の本には、1890年の冬にアメリカ軍がラコタ・インディアンの一団をウーンデッド・ニー川で捕捉し、270人以上（そのうち170人は女性と子供だった）を虐殺した経緯が書かれている。それは残虐行為であり、先住民への裏切りだった。

ウーンデッド・ニーの大虐殺がなぜ起こり、そしてその後に何が起こったのかは、ほとんどのアメリカ人にとって初めて知ることであり、この本はアメリカ先住民の歴史に関心を呼び起こし、部族に関する意見を見直すきっかけとなった。

公民権運動に刺激され、アメリカインディアン運動（AIM）は1973年、人口100人ほどの象徴的なウーンデッド・ニーの集落に集結し、ウーンデッド・ニーが独立オグララ国になったことを宣言した。反戦グループ、チカーノ、ブラックパンサーが彼らを支援し、米国内外で支援のデモが行われた。警察、州兵、FBIに包囲されながらも、AIMの抗議者たちは71日間持ちこたえた。やがてアメリカ政府はAIMの訴えを調査することに同意し、先住民たちは撤退した。

ウーンデッド・ニー占拠とディー・ブラウンの著書は、国内外から注目を集め、アメリカ先住民の闘いにかつてない関心を集めた。

NOTE

[原書の英語の難易度　★★☆☆]

ブラウンの本は、1960年代まで教室や教科書で扱われることのなかったアメリカ史の一端に目を開かせるものだった。この本は、ヨーロッパから移民がやってきてアメリカ先住民の土地を占領し、彼らの文化を根絶しようとしたときに、さまざまな部族が経験した苦闘を紹介する、貴重な入門書である。読者はまた、今日でも彼らが直面している問題について、洞察を得ることができる。

『わが魂を聖地に埋めよ』
ディー・ブラウン著／1970年刊

歴史学者ディー・ブラウン（1908-2002）が北米先住民の証言を基に書いた、19世紀後半のアメリカ西部史。アメリカインディアン運動の抗議活動が広がりを見せた同時期に刊行された。白人入植者を友好的に受け入れた先住民たちは、条約という名の謀略で排斥され、虐殺される。アメリカ陸軍に追われ、シャイアン、アパッチ、スー、コマンチ、ナヴァホなどの部族は絶滅する。輝かしいアメリカ史の裏に隠された真実の歴史を知る名著。

09 The Souls of Black Folk, by W. E. B. Du Bois
—The Dual Heritage of African-Americans—

For a reader who is unfamiliar with the lives of Black Americans following ❶the Civil War and ❷Emancipation, the 14 essays by the ❸esteemed Black scholar W. E. B. Du Bois are a superb ❹counterpoint to Margaret Mitchell's ❺Gone With the Wind. Mitchell's highly popular novel — and the movie based on it — presents a specifically white version of that period. Du Bois explains various aspects of Black society in that period from a Black point of view of history that is convincing and moving.

The life of Black people supposedly "freed" after the Civil War is shown against a background of how ❻white supremacist society developed after Emancipation. Du Bois presents easily understood examples of the racial injustice and inequality that continued after the South lost the war.

He begins with his own experience and then goes on to discuss Black leadership and the responsibility of people like Booker T. Washington, founder of the Black-led Tuskegee Institute (now Tuskegee University). Washington and other Black leaders gained white support by agreeing to ❼the Atlanta Compromise, which ❽advocated that Blacks should get education in "nonwhite" occupations. In other words, Black education would be aimed at producing mostly laborers in industry, with no opportunities to benefit from higher education, especially in the South.

---

❶the Civil War: アメリカ南北戦争 ※p. 28 参照。

❷Emancipation:（南北戦争後の）奴隷解放 ※p. 48参照

❸esteemed: 尊敬された

❹counterpoint: 対比、補完

❺Gone With the Wind:『風と共に去りぬ』 ※p. 30参照

❻white supremacist: 白人至上主義者（の）

❼the Atlanta Compromise: アトランタ妥協 ※ジョージア州アトランタで開かれた博覧会でブッカー・T・ワシントンが黒人代表として行った演説。人種間の分離と黒人の肉体労働の必要性を説き、白人聴衆を安心させた

❽advocate: 提唱する、主張する

『黒人のたましい』
W. E. B. デュボイス著
―アフリカ系アメリカ人の二重の遺産―

南北戦争と奴隷解放後のアメリカ黒人の生活についてよく知らない読者にとって、尊敬すべき黒人学者、W. E. B. デュボイスによる14のエッセーは、マーガレット・ミッチェルの『風と共に去りぬ』と見事な対照を成す。ミッチェルの大人気小説とそれを原作とした映画は、この時代を特に白人の視点から描いている。デュボイスは、その時代の黒人社会のさまざまな側面を黒人の歴史観から説明しており、それは説得力があり感動的だ。

南北戦争後に「解放された」とされる黒人たちの生活が、奴隷解放後に白人至上主義社会が発展した様子を背景に描かれている。デュボイスは、南部が戦争に負けた後も続いた人種的不公正と不平等を分かりやすく例示している。

彼はまず、彼自身の体験から始め、次に黒人のリーダーシップと、黒人主導のタスキーギ・インスティテュート（現タスキーギ大学）の創設者であるブッカー・T・ワシントンのような人々の責任について論じる。ワシントンをはじめとする黒人指導者たちは、黒人は「非白人」の職業における教育を受けるべきだと提唱したアトランタ妥協に同意することで、白人の支持を得た。言い換えれば、黒人の教育は、特に南部では、高等教育の恩恵を受ける機会を与えることなく、産業界で主に労働者を生産することを目的としていた。

W. E. B. デュボイス（1868-1963）はNAACP（全米有色人種地位向上協議会）を1909年に創設した。
写真：Everett Collection／アフロ

In contrast, Du Bois was raised and educated in a less ❾segregated New England — not the South — so he sees issues in the South that Southern Blacks are not conscious of. He believes that Black people should learn the values of different civilizations so that they can lead a meaningful life, not simply a life of labor. He points to the challenges in the ❿upbringing of Black men, especially boys with great potential who are unable to develop it because they face white resistance at every level.

The final essay includes selections from the Black " ⓫spirituals" that he refers to as the spiritual heritage of his people. Handed down from days of slavery or the days after Emancipation, they are connected both with religion and Black culture as a whole.

As a sociologist and the first Black American to receive a ⓬doctorate from Harvard University, Du Bois analyzes the causes and impacts of Black society in the South, especially the lack of resources and opportunities for Black people ⓭at the turn of the 20th century. ⓮Disparities in education and work opportunities, as well as white privilege protected through violence, prevent Blacks from possessing real freedom, equality and opportunity.

Du Bois lived from 1868, just after the Civil War, until 1963, in the middle of ⓯the Civil Rights Movement. Throughout his essays, he stresses the need for the two races to know and understand each other in order to ⓰eliminate prejudice. He also contends that while Blacks are eager for this kind of mutual understanding, whites, especially in the South, are unwilling to accept Blacks as equals.

---

❾ segregate: 〜を隔離する
❿ upbringing: 育て上げること、教育
⓫ spiritual: 霊歌　※奴隷制時代のアメリカに起源を持つ、アフリカ系アメリカ人の宗教歌
⓬ doctorate: 博士号

⓭ at the turn of 〜: 〜の変わり目で
⓮ disparity: 相違、不均衡
⓯ the Civil Rights Movement: 公民権運動　※p. 28参照
⓰ eliminate: 〜を除外する、〜を取り除く

　対照的にデュボイスは、南部ではなく、それほど人種間の隔離がないニューイングランドで育ち、教育を受けたため、南部の黒人たちが意識していない南部の問題を見ている。彼は、黒人が単に労働者としてではなく、有意義な人生を送れるように、さまざまな文明の価値観を学ぶべきだと考える。彼は、黒人男性、特に、大きな可能性を秘めた少年たちが、あらゆるレベルで白人の抵抗に直面してその力を伸ばすことができないという、黒人男性の育ちにおける課題を指摘している。

　最後のエッセーには、彼が自らの人権の精神的遺産として呼んでいる黒人の「霊歌」からの抜粋が含まれている。奴隷の時代から、あるいは奴隷解放後の時代から受け継がれてきたもので、宗教とも黒人文化全体とも結びついている。

　社会学者として、またハーバード大学で博士号を取得した最初のアメリカ黒人として、デュボイスは南部の黒人社会、特に20世紀初頭における黒人の資源と機会の欠如の原因と影響を分析している。教育や労働の機会における格差、さらには暴力によって守られる白人の特権が、黒人が真の自由、平等、機会を得ることを妨げている。

　デュボイスは、南北戦争直後の1868年から、公民権運動まっただ中の1963年まで生きた。彼はエッセーを通して、偏見をなくすためには二つの人種が互いを知り、理解し合う必要があると強調している。彼はまた、黒人がこのような相互理解を熱望する一方で、白人は、特に南部では黒人を対等に受け入れようとしないと主張する。

NOTE

［ 原書の英語の難易度　★★★☆ ］

デュボイスやダグラス（p. 200参照）の時代から黒人作家による力強い作品が登場し、さらに公民権運動（1954〜'68）と、そこから続く献身的な努力によって、黒人は教育、雇用機会、社会的待遇において、最低限の改善を達成してきた。しかし公民権運動が黒人が直面する不平等をすべて解決したわけではないことは、「ブラック・ライブズ・マター」運動（p. 28参照）を見ても明らかだ。

The laws and social customs known as **⑰**Jim Crow are a major obstacle. All Black people — not just the uneducated — suffer equally from discrimination. If only the two races were able to work and live in a society that is **⑱**integrated, they would able to understand each other as equal human beings.

It is his hope that Black people will educate themselves into becoming helpful members of the community. That includes being able to participate in politics through equality in **⑲**voting rights so that their voices can be heard through **⑳**officials who truly represent them. Until that happens, Jim Crow laws will not change. Schools for Black children are unequal to those attended by white children, and with low-quality education, black children will not be able to compete fairly in society.

He concludes in his last chapter that there is a silently growing **㉑**assumption that racism is a thing of the past, and he declares this assumption is both **㉒**arrogant and ignorant. While he embraces some **㉓**optimism about freedom and justice for Black people, he is not confident about when or even if they will ever attain equality. At the end, he calls on white people to seriously consider the contributions of Black culture to American history and give them the recognition that they deserve. Treat Blacks as people, he says, not as a color.

---

⑰ Jim Crow: ジム・クロウ法　※黒人に対する
　差別的な立法、分離政策を指す俗語。p. 48
　参照
⑱ integrate: 〜を統合する、〜を融和させる
⑲ voting right: 投票権、選挙権

⑳ official: 公務員、高官
㉑ assumption: 想定、思い込み
㉒ arrogant: 傲慢な、無礼な
㉓ optimism: 楽観主義

　ジム・クロウと呼ばれる法律や社会慣習が大きな障害となっている。教育を受けていない黒人だけでなく、すべての黒人が等しく差別を受けている。もし二つの人種が、融合した社会で働き、生活することができれば、対等な人間として理解し合えるだろう。

　黒人自身が自らを教育し、地域社会の役に立つ一員となることが彼の望みである。これには、真の代表者を通じて彼らの声が聞こえるようになるために、選挙権の平等を通じて政治に参加できるようになることも含まれる。それが実現しない限り、ジム・クロウ法は変わらないだろう。黒人の子どもたちが通う学校は白人の子どもたちが通う学校と同等でなく、教育の質が低いままでは、黒人の子どもたちは社会で公平に競争することはできないだろう。

　彼は最終章で、人種差別は過去のものだという思い込みが静かに広がっていると結論づけ、この思い込みは傲慢かつ無知であると断じている。彼は黒人の自由と正義について、ある程度楽観的な考えを抱いているが、いつ平等を達成できるのか、そもそも平等を達成できるのかどうか、自信はない。最後に彼は白人たちに、アメリカ史における黒人文化の貢献を真剣に考慮し、彼らにふさわしい評価を与えるよう呼び掛ける。黒人を肌の色としてではなく、人間として扱え、と。

『黒人のたましい』
W. E. B. デュボイス著／1903 年刊

黒人運動の指導者として知られる社会学者デュボイス（1868-1963）による、20 世紀初頭の人種、文化、教育に関する古典的研究書。アメリカ社会において、黒人としての著者自身の経験を基に書かれている。黒人にとって高等教育が重要であること、また黒人であると同時にアメリカ人でもなければならないという「二重意識」について論じている。

バーダマン先生の
英米文学を読むための基礎知識②

本書で取り上げた文学作品に出てくる、アメリカ史において重要な事件や事象、考え方などを示す用語を取り上げました。

→ p. 28より続く

Dust Bowl ダストボウル、砂嵐 1931 〜 '39年、アメリカ中西部の大平原地帯で断続的に発生した気候現象。開拓民が19 〜 20世紀にかけて牧草地を開墾したことが原因とも言われている。世界恐慌と相まって、テキサス、アーカンソー、オクラホマ州などの多くの土地で農業が崩壊し、職を探しにカリフォルニア州などの西部への移住者が大量発生した。

....

Emancipation Proclamation 奴隷解放宣言 第16代米大統領のエーブラハム・リンカーンが、南北戦争中の1862年9月、南部連合が支配する地域の奴隷たちの解放を命じた宣言。この宣言をきっかけに奴隷解放運動が後に盛んになった。

....

Gothic tale ゴシック小説 18世紀末から19世紀初頭にかけて流行した神秘的、幻想的な小説。

....

Great Depression 世界恐慌、大恐慌 1929年9月のアメリカの株価大暴落から始まって世界中に波及した、20世紀で最長、かつ最も深刻な経済不況。

....

Jazz Age ジャズ・エイジ アメリカの1920年代を指す。第一次世界大戦後の好況の中、ジャズをはじめとする大衆文化が栄え、ラジオや映画が普及し始めた、大量消費時代の始まりを象徴する時期。

....

Jim Crow laws ジム・クロウ法／制度 1876〜1964年にかけて続いた、アメリカ南部諸州の、黒人に対する差別的な立法、分離政策のこと。「黒人の一般公共施設の利用を禁止、制限した法律」を総称する。1964年7月2日、リンドン・ジョンソン政権が公民権法（Civil Rights Act）を制定し、即時廃止となった。

....

Martin Luther King, Jr. マーティン・ルーサー・キング・Jr. アメリカの黒人牧師。非暴力による黒人差別撤廃を訴え公民権運動を主導した。1964年にノーベル平和賞を受賞。'68年4月4日、演説のために滞在したメンフィスで撃たれ、39歳で没した。

....

McCarthy era マッカーシー時代 米上院議員のジョセフ・マッカーシーによる告発をきっかけとして始まった、1948年頃から'50年代前半の反共産主義に基づく社会運動、政治的運動の起こった時代。

....

19th Amendment to the Constitution アメリカ合衆国憲法修正第19条 性別を理由に市民の投票権を否定することを禁じるもので、実質的に女性参政権の実現を目指したもの。

....

Prohibition 禁酒法（時代） 1920 〜 '33年まで続いた、消費のためのアルコールの製造、販売、輸送が全面的に禁止された法律。無許可で酒を製造販売するマフィアが台頭した。

....

Puritan settlement ピューリタン（清教徒）の入植地 母国イギリスで宗教的迫害を受けたピューリタンが信教の自由を求めて帆船メイフラワー号で出港し、アメリカ大陸にたどり着いて建設した植民地プリマス。

....

Red Scare 赤狩り 政府が国内の共産党員とその支持者を公から追放すること。冷戦を背景に、主にアメリカと西側諸国で行われた政策。

Chapter

3

子どもから大人へ

10 *The Catcher in the Rye,* by J. D. Salinger

—Remain True in a World Full of Phonies—

Sensitive, ❶rebellious 16-year-old Holden Caulfield ❷is expelled from ❸prep school. Afraid to go home to his parents in New York City, he spends several days alone in Manhattan. Through his experiences there, we see the struggles of an ❹adolescent trying to find a place in the world.

❺Disillusioned by adult "❻phoniness," he searches for what he thinks is "truth" and ends up mentally exhausted. Unable to face his parents, who will be displeased by his being expelled, he talks to his younger sister, Phoebe, about his fantasy of being a "catcher in the rye," an incorrect phrase from a poem by ❼Robert Burns. By this, he means he wants to protect children from that harsh entry into adulthood.

Through encounters with friends, we find that he is not only immature but also unable to understand others. Only Phoebe seems to understand him. He plans to run away and Phoebe insists on going with him, but he refuses. Instead, he takes her to the zoo, where he watches her ride the ❽carousel in the rain. The story concludes here, with Holden admitting that he is "sick" but is expecting to go to a new school in the autumn.

The novel focuses on the loss of innocence. Holden wants to be the "catcher in the rye," whom he sees as a person who saves children from falling off a cliff, a metaphor for entering adulthood. Watching Phoebe on the carousel, he is happy because he has allowed her to remain childlike.

---

❶ rebellious: 反抗的な

❷ be expelled from 〜: 〜から除名される、〜から退学させられる

❸ prep school: (米国における、有名大学進学のための寄宿制の) 私立中学・高等学校

❹ adolescent: 思春期の若者　※12〜20歳くらいを指す

❺ disillusioned by 〜: 〜にがっかりした

❻ phoniness: いんちきであること

❼ Robert Burns: ロバート・バーンズ (1759-'96)　※スコットランドの国民的詩人。「蛍の光」の原詩 "Auld Lang Syne" の作詞者として知られる

❽ carousel: 回転木馬、メリーゴーラウンド

『ライ麦畑でつかまえて』
J. D. サリンジャー著
―インチキな世界で自分らしくいること―

　多感で反抗的な16歳のホールデン・コールフィールドは、寄宿学校を退学になる。ニューヨーク市の実家に帰るのを恐れた彼は、マンハッタンで数日間を一人で過ごす。そこでの体験を通して、世の中に居場所を見つけようとする思春期の葛藤が描かれる。

　大人の「インチキ」に幻滅した彼は、自分が「真実」だと思うものを探し求め、精神的に疲れ果ててしまう。退学処分を話せば不機嫌になるであろう両親と面と向き合えない彼は、妹のフィービーに、「ライ麦畑でつかまえる人」になりたいという妄想を語る。これはロバート・バーンズの詩の誤った引用だ。つまり彼は子どもたちを大人への過酷な入り口から守りたいというのである。

　友人たちとの出会いを通して、私たちは彼が未熟なだけでなく、他人を理解することができないと分かる。彼を理解しているのはフィービーだけのようだ。彼は家出を計画し、フィービーは一緒に行きたがるが、彼は断る。代わりにフィービーを動物園に連れて行き、雨の中、彼女が回転木馬に乗るのを見守る。ホールデンは自分が「病気」であることを認めるが、秋には新しい学校に行くつもりでいる、というところで物語は終わる。

　この小説は、無邪気さの喪失に焦点を当てている。ホールデンは「ライ麦畑でつかまえる人」、つまり子どもたちが崖から落ちるのを救う人になりたいのだ。崖から落ちるとは大人の世界へ踏み出すことの比喩だ。回転木馬に乗っているフィービーを見て彼が幸せを感じるのは、自分が彼女を子どものままでいさせているからだ。

NOTE

[原書の英語の難易度　★☆☆☆]

この小説は、大人の社会から何を期待されるのかを理解しようともがくティーンエージャーの読者に最もよく響くかもしれない。「社会的期待」や「群れに従う」ことへの抵抗を描くだけでなく、私たちを「勇気づける」一冊として、今なお読み継がれている。

『ライ麦畑でつかまえて』
J. D. サリンジャー著／1951年刊

サリンジャー（1919-2010）の青春長編小説。主人公の16歳のホールデンがニューヨークの街を一人さまよい続けて孤独を深めていく心理が、口語的な一人称で語られている。若者の絶大な支持を得るベストセラーだが、アメリカの一部の学校の図書館では、禁書扱いされる作品でもある。複数の邦訳があり、『ライ麦畑の捕手』『キャッチャー・イン・ザ・ライ』『危険な年齢』といった異なる邦題がつけられている。

11 📖 *The Adventures of Huckleberry Finn,* by Mark Twain
―An Epic Adventure on the Mississippi River―

Ernest Hemingway was right when he ❶proclaimed that this novel was the very beginning of all modern American literature. It is the first major novel in which the narrator speaks in dialect and in which the main characters are not telling ❷uplifting stories but telling stories of struggle in society. The two main characters are a white boy named Huck Finn, son of a low-life ❸drunkard, and Jim, a runaway Black slave.

The narrator is Huck, a youngster whose ❹vernacular speech is perfectly ❺adapted to descriptions of events and other characters. His narration is often comical but also subtly ironic. More than anything, it is a distinctly natural American voice.

Along with being an ❻epic adventure of a journey down the Mississippi River, the book is a sharp ❼satire and critique of Southern society and culture. Through the story, Twain wants us to grasp that the value system of Southern society and culture, based on slavery and foolish ❽aristocratic pretensions, is not based on virtue or character. Nor is it based on true morality.

The two main characters are considered ❾outcasts, at the bottom of society. Abused, homeless and neglected, Huck is considered a member of what is called "white trash," the bottom of white society. His father even beats him for going to school. Huck's initial conflict with society comes from an older woman named Widow Douglas who tries to "civilize" him and make him an "❿upstanding citizen."

---

❶ proclaim: 〜を称賛する、〜を宣言する
❷ uplifting: 気持ちを高揚させるような
❸ drunkard: 大酒飲み
❹ vernacular: その土地の、日常口語の
❺ adapted to 〜: 〜にふさわしい、〜に適切で

❻ epic: 雄大な、偉大な
❼ satire: 皮肉、風刺
❽ aristocratic: 貴族ぶる
❾ outcast: 社会から見放された人
❿ upstanding: まともな、まっすぐな

『ハックルベリー・フィンの冒険』
マーク・トウェイン著
―ミシシッピ川での壮大な冒険―

アーネスト・ヘミングウェイが、この小説はまさに現代アメリカ文学の始まりであると称えたのは正しかった。語り手が方言で話し、主要な登場人物がわくわくする物語ではなく社会における苦闘の物語を語るという点で、最初の主要な小説である。二人の主な登場人物は、下層階級の飲んだくれを父に持つ息子ハック・フィンという白人の少年と、逃亡した黒人奴隷ジムだ。

語り手はハックで、この少年の方言混じりの話し方は、ストーリー中の出来事や人物の描写にぴったりだ。彼の語りはしばしばコミカルだが、微妙に皮肉も効いている。何よりも、疑いようのない自然なアメリカの声である。

この本は、ミシシッピ川を下る壮大な冒険であると同時に、南部の社会と文化に対する鋭い風刺と批評でもある。トウェインは物語を通して、南部の社会と文化の価値観は奴隷制度と愚かな貴族気取りに基づいていて、美徳や人格に基づくものではないことを私たちに理解させようとしている。真の道徳に基づいているわけでもない。

主人公の二人は、社会の底辺のはみ出し者と見なされている。虐待され、ホームレスになり、ネグレクトされたハックは、白人社会の最底辺、いわゆる「ホワイト・トラッシュ」の一員と見なされる。彼の父親は、学校に行こうとする彼を殴ることさえある。ハックと社会との対立は、ダグラス夫人という年配の女性から始まり、彼女はハックを「文明化」し、「立派な市民」にしようとする。

『ハックルベリー・フィンの冒険』
の初版本のイラスト。
写真：アフロ

In itself, that might seem to be an act of kindness and generosity. However, doing that means to agree that Black slavery is acceptable and racism is perfectly natural. Huck resists the widow's efforts, and when Huck's ⓫abusive, drunken father tries to take Huck away from the widow, Huck escapes to the isolated Jackson's Island. That is where he encounters Jim.

Because he is a Black slave, Jim has faced far more abuse, violence and danger than Huck could even imagine. Furthermore, his life is in danger because he has escaped his master, and if he is captured, he would be severely punished and might even be killed.

Eventually the two decide to join forces to escape "civilization" and gain freedom by ⓬rafting down the Mississippi River together. Initially, Huck is only thinking about gaining freedom for himself and he doesn't think about the morality of slavery. For Jim, however, "freedom" means actual physical, social and legal freedom.

As they travel, they encounter almost all types of so-called ⓭respectable white people who turn out to be absolute ⓮rascals. This ⓯sordid side of American life is filled with greed, ⓰bigotry and brutality and consists of a large number of ⓱con men, cheats and ⓲hucksters.

Admittedly, the novel includes ⓳idyllic descriptions of the great Mississippi River and the forests on its banks. Parts of it seem like a delightful adventure. But the underlying theme of the novel is how young Huck has ⓴internalized white society's racism yet is able to rise above it. As an outcast on the margins of his own society, he is, ironically, able to see the ㉑flaws that others — "the respectable" — cannot see.

⓫ abusive: 口ぎたない、虐待的な　※名詞形は abuse（虐待）
⓬ raft down 〜: いかだで〜を下る
⓭ respectable: 品行方正な、立派な
⓮ rascal: 悪党
⓯ sordid: 汚い、下劣な
⓰ bigotry: 頑迷な偏見、偏狭さ
⓱ con man: 詐欺師、ペテン師
⓲ huckster: テキ屋
⓳ idyllic: 牧歌的な
⓴ internalize: 〜を内部に吸収する
㉑ flaw: 欠点、弱点

それ自体は、親切で寛大な行為に見えるかもしれない。しかし、それは、黒人の奴隷制度を容認し、人種差別はまったく当然だと同意することにほかならない。ハックは夫人の努力に抵抗し、ハックを虐待する酒飲みの父親が彼を夫人から引き離そうとしたとき、ハックは離島のジャクソン島に逃げ込む。そこで彼はジムと出会う。

ジムは黒人奴隷なので、ハックの想像をはるかに超える虐待、暴力、危険に直面している。さらに、主人から逃亡したジムは命の危険にさらされており、捕まれば厳しい罰を受け、殺されるかもしれない。

結局、二人は力を合わせて「文明」から逃れ、ミシシッピ川を共にいかだで下ることで自由を手に入れようと決意する。当初、ハックは自分が自由を得ることだけを考えており、奴隷制度の道徳性など考えていなかった。しかしジムにとっての「自由」とは、まさに肉体的、社会的、そして法的自由を意味するのだ。

二人は旅をするうちに、いわゆる"立派な"白人と呼ばれながら、結局はまったくの悪党に過ぎない、ほとんどあらゆるタイプの人々に出会う。このようなアメリカ生活の汚い側面は、貪欲、頑迷な偏見、残忍さに満ちており、大勢の詐欺師、ペテン師、イカサマ師で構成されている。

確かに、この小説には偉大なミシシッピ川とそのほとりの森についての牧歌的な描写がある。その一部は楽しい冒険のように見える。しかし、この小説の根底にあるテーマは、若きハックが白人社会の人種差別を内面化しながらも、それを乗り越えている姿だ。自らの（白人）社会のはみ出し者である彼は、皮肉なことに、他の人々——「立派な」人々——が見えない欠点を見ることができる。

NOTE

[原書の英語の難易度　★★★☆]

トウェインの『トム・ソーヤーの冒険』も『ハックルベリー・フィンの冒険』も、ミシシッピ川沿いの小さな町の日常生活を同じくらい見事に描いており、ごく普通の白人の若者たちが周囲の大人たちを理解しようする姿を読者に見せてくれる。しかし『ハックルベリー・フィン』は、逃亡奴隷ジムとのいかだの旅を通して、白人社会が腐敗し、偏見に満ち、残酷であること、そして黒人のジムがほとんどの白人よりも尊敬に値する頼もしい人間であることを知るという、異なるテーマが含まれている。これが本書を選んだ理由だ。

Toward the end of the story, Jim is captured but is able to "escape," thanks to Tom Sawyer's ㉒intervention. Jim is able to take a steamboat back up the Mississippi to reunite with his family and live in relative freedom. The fate of all of the other slaves the two have met during their adventures remains an issue. Slavery is still a strong ㉓institution.

As Jim leaves to find his own fate, Huck learns that his abusive father is dead and that Jim had kept the fact secret to protect Huck. It is a final example of Jim's ㉔empathy.

Huck announces his final decision to escape from so-called civilized life by heading west. His continued mixed feelings about society suggest that even though the particular issue of Jim's freedom has been guaranteed, the immorality and corruption of society in the form of slavery and ㉕institutionalized racism is ongoing.

Twain's novel is a combination of adventure, a ㉖coming-of-age story, a ㉗travelogue, a ㉘satire and a criticism of society as a whole, especially when it comes to issues of race and class. Of equal importance, it is a combination of history and an adventure tale that shows how the past has shaped the present.

㉒ intervention: 仲裁、介入
㉓ institution: 制度、慣習
㉔ empathy: 共感、思いやり
㉕ institutionalized: 制度化された

㉖ coming-of-age: 大人になっていく（姿を描いた）、成人の、成長の
㉗ travelogue: 紀行、旅行記
㉘ satire: 風刺、皮肉

　物語の終盤、ジムは捕らえられるが、トム・ソーヤーの介入のおかげで「脱出」することができる。ジムは蒸気船でミシシッピ川をさかのぼって家族と再会し、比較的自由な生活を送る。二人が冒険の中で出会った他の奴隷たちの運命は、依然として問題である。奴隷制度はいまだに根強いのだ。

　ジムが自分の運命を見つけるために旅立つ時、ハックは虐待していた父親が死んだこと、そしてジムがハックを守るためにその事実を秘密にしていたことを知る。ジムの共感性が最後に示される。
　ハックは、いわゆる"文明化された生活"から逃れ、西部に向かうという最終的な決意を表明する。社会に対する、彼の複雑な感情は、ジムの自由という特定の問題が保証されたとしても、奴隷制や制度化された人種差別という形で社会の不道徳と腐敗が続いていることを示唆している。

　トウェインの小説は、冒険物語、成長物語、旅行記、風刺、そして社会全体、特に人種と階級の問題に対する批判を兼ね備えている。それと同じくらい重要なのは、本書が、過去が現在をどのように形作ってきたかを示す、歴史と冒険談の組み合わさったものだということである。

『ハックルベリー・フィンの冒険』
マーク・トウェイン著／1885年刊

マーク・トウェイン（本名サミュエル・クレメンス。1835-1910）が方言と口語体で書いた初の米文学。トム・ソーヤー（マーク・トウェインの他の3篇の作品の主人公）の親友で、陽気な浮浪児ハックルベリー（ハック）・フィンの語りで話が展開する。『トム・ソーヤーの冒険』の続編という位置づけだが、『トム・ソーヤーの冒険』が特に社会的メッセージを持たないことと比べて、本書は当時の人種差別への批判的姿勢を示していることによって知られている。

12 📖 *Little Women,* by Louisa May Alcott
—A Wholesome Portrayal of Family Life—

In this coming-of-age novel, the four sisters of the March family — Meg, Jo, Beth and Amy — slowly come to understand their individual strengths and weaknesses, their selfish hopes and their nobler ideals. Emerging from the world of the family into the greater world outside, they discover both opportunities and restrictions, many of which are related to the fact that they are one particular gender.

During the Civil War, while their father is away from their Massachusetts home serving as a ❶chaplain in the ❷Northern Army, the four sisters manage to find ways to be grateful that they are safe and can do things together, with their mother Marmee watching over them.

There is a war in the background and they are not ❸well-off, but they entertain each other in various ways. The four sisters often compete with one another, but they join together in writing a family newspaper. Based on this experience, Jo actually gets a story published.

Another ❹trait that they share is a willingness to help their neighbors. Among the neighbors is a boy named Laurie, who lives with his grandfather, Mr. Laurence. Laurie becomes a kind of brother to them.

When their father becomes sick in a hospital in Washington, D.C., Marmee goes to take care of him. While she is gone, the girls forget their ❺chores, Beth becomes seriously ill and Laurie's tutor, Mr. Brooke, falls in love with Meg. Jo is none too happy about this, but soon Meg and Mr. Brooke are engaged to be married.

---

❶ chaplain: 従軍牧師
❷ Northern Army: (南北戦争における) 北軍
❸ well-off: 富裕な、順調で

❹ trait: 特性、特徴
❺ chore: 雑用、半端な仕事

『若草物語』
ルイザ・メイ・オルコット著
―健全な家庭生活像―

　この成長物語では、マーチ家の四姉妹、メグ、ジョー、ベス、エイミーが、それぞれの長所と短所、利己的な願望と崇高な理想を少しずつ理解していく。家族の世界から外の大きな世界へと踏み出す彼女たちは、チャンスと制約の両方を発見するが、その多くは、彼女らが特定の性別（女性）であることに関係する。

　南北戦争中、父親が北軍の牧師としてマサチューセッツの家を離れている間、四姉妹は彼女らがMarmeeと呼ぶ母に見守られながら、自分たちが無事で、なおかつ一緒に行動できることに感謝する方法を見つけられるようになる。

　背景には戦争があり、彼女たちは裕福ではないが、さまざまな方法で互いを楽しませる。四姉妹は互いに競い合うことも多いが、家族新聞を書くことでは協力し合う。この経験を基に、ジョーは実際に、小説が新聞に載る。

　姉妹に共通するもう一つの特徴は、快く隣人を助けようとすることだ。その隣人たちの中に、祖父のミスター・ローレンスと暮らすローリーという少年がいる。ローリーは彼女らにとって兄弟のような存在になる。

　彼女らの父親は病気でワシントンDCの病院に入院し、母が看病に行く。彼女がいない間、娘たちは家事を忘れ、ベスは重い病気になり、ローリーの家庭教師のブルック先生はメグと恋に落ちる。ジョーはこのことを快く思っていないが、やがてメグとブルック氏は婚約する。

映画『若草物語』（1949）より。
古き良きアメリカが味わえる
作品でもある。
写真：mptvimages／アフロ

Several years pass before the second part of the novel begins. Among the main events that have occurred is Jo's having a novel published, Meg marrying and moving out, Amy going to Paris and Jo learning how to write in New York, where she meets Professor Bhaer, a German language instructor.

Each sister has her own dreams, struggles and decisions to make, and the reader can relate to each in some way. The central figure is Jo, because we learn more about her and because she reflects the author's own character. Jo is unhappy with social expectations for women, but she gradually learns that she cannot have everything she wants in life. She can earn money through writing, but she has to ❻ meet the expectations of publishers and readers.

By the end of the novel, the sisters are adults, and as the family gathers happily together, each of the four is grateful for what they have and for each other. Watching the characters develop, we ❼ reflect on the demands in our own lives and how we dealt with them as we grew up.

The sisters remain ❽ relevant for readers today — both women and men. They show how important it is to be true to oneself as an individual while remaining faithful to those around us. Like the sisters, we, too, find clashes between personal growth and family and occupational duties as well as with social expectations.

---

❻ meet expectations: 期待に応える
❼ reflect on 〜: 〜を熟考する、〜を省みる
❽ relevant for 〜:　〜に関係がある、〜に関わる

数年が経過して第2部がスタートする。主な出来事としては、ジョーが小説を出版したこと、メグが結婚して引っ越すこと、エイミーがパリに行くこと、ジョーがニューヨークで執筆を学び、ドイツ語講師のベア教授に出会うことなどがある。

それぞれの姉妹にはそれぞれの夢、葛藤、決断すべきことがあり、読者はそれぞれに何らかの形で共感できる。中心人物はジョーで、彼女は作者自身の性格を反映しているため、私たちは彼女についてより深く知るからだ。ジョーは女性に対する社会的な期待に不満を抱いているが、次第に人生で望むものすべてを手に入れることはできないことを知る。書くことでお金を稼ぐことはできるが、出版社や読者の期待に応えなければならないのだ。

小説が終わるまでには、姉妹は大人になり、家族が楽しく集う場で、四人はそれぞれ、自分たちが持っているものとお互いに感謝する。登場人物たちの成長を見ながら、私たちは自身の人生における要望や、成長する過程でそれにどのように対処してきたかを振り返る。

この姉妹は、現代の読者（女性にも男性にも）にとって重要な存在であり続けている。彼女らは、周囲の人々に誠実でありながら、自分自身にも忠実であることがいかに重要であるかを教えてくれる。四姉妹たちのように、私たちもまた、社会的な期待との間でだけでなく、個人的な成長や家庭、職業上の義務との間で衝突を経験するものなのだ。

NOTE

［原書の英語の難易度　★☆☆☆］

ルイザ・メイ・オルコットは南北戦争（1861-'65）後、女性参政権（women's suffrage）を推進し、何百もの短編を書いたが、この二部作『若草物語』（1868）・『続・若草物語』（1869）で最もよく知られている。その成功は、続編の『リトル・メン（第三若草物語）』（1871）と『ジョーの少年たち（第四若草物語）』（1886）につながった。なお『若草物語』は2度の無声映画を含め、計7回、映画化されている。

『若草物語』
ルイザ・メイ・オルコット著／1868-'69年刊

1868年に出版されたのち、人気を受けて翌'69年に第二部を加えた構成で出版された、マーチ家の四人姉妹を描いた小説。『若草物語』以外にも多くの邦題がある。著者オルコット（1832-'88）の半ば自伝的な小説で、子ども向けの家族物語というジャンルを創始した。タイトルは、娘たちが、「立派な女性＝小さなご婦人たち（Little Women）」になるようにという父親の教えから来ている。四姉妹が母の導きにより、家族や隣人たちとの交流の中でそれぞれの欠点を克服し、不在の父の希望どおりに自らの生き方を模索しながら成長する過程が描かれる。

13 📖 *The Color Purple,* by Alice Walker
― Traumas and Triumph of an African-American Woman ―

The narrator, Celie, is a poor, uneducated Black girl living deep in the country in the South. With the exception of her younger sister, Nettie, she has no one she can trust or share her feelings with, so she begins writing letters to God. ❶ Given her lack of schooling, it is only natural that she writes her letters in Southern dialect, which is somewhat challenging to readers who are not ❷ acquainted with it. But as the novel continues, her writing becomes more fluent and easier to comprehend.

Her father beats and rapes her, and she becomes pregnant twice. She cannot tell her mother, who becomes ill and dies. Her father finds a new wife, but he continues to ❸ abuse Celie, eventually taking away the two children that she has given birth to. Celie doesn't know what happens to the children, but they survive and appear later in the story.

Nettie escapes this ❹ dismal rural world by joining a Black ❺ missionary couple who depart America to serve in Africa. Celie writes to her sister frequently, but she never hears from her again. Only later do we learn that Nettie has written back to her frequently. The man Celie is forced to marry hides all of the letters that have come from Nettie over the years, and eventually Celie finds them.

---

❶ Given ～: ～を考えると、～を前提として
❷ (be) acquainted with ～: ～に精通している
❸ abuse: ～を虐待する

❹ dismal: 悲惨な、陰鬱な
❺ missionary: 布教者、伝道者

『カラーパープル』
アリス・ウォーカー著
―ある黒人女性の苦悩と勝利―

　語り手のセリーは、南部の片田舎に住む貧しく無学な黒人の少女である。妹のネッティーを除いて、彼女には信頼できる人も気持ちを分かち合える人もいないので、彼女は神に手紙を書き始める。学校教育を受けていない彼女が南部方言で手紙を書くのは当然で、方言を知らない読者には少々難しい。しかし、小説が進むにつれ、彼女の手紙は流ちょうになり、理解しやすくなる。

　彼女は父親に殴られ、レイプされ、2度妊娠する。彼女は母にそのことを告げられず、母は病気で亡くなる。父親は新しい妻を見つけるが、セリーを虐待し続け、ついには彼女が産んだ2人の子供を奪ってしまう。セリーは子どもたちがどうなったか知らないが、彼らは生き延びてのちに物語に登場する。

　ネッティーは、アフリカで奉仕するためにアメリカを離れる黒人宣教師夫婦に同行することで、この悲惨な農村の世界から脱出する。セリーは妹に頻繁に手紙を出すが、返事が来ることはない。後になって初めて、ネッティーが彼女に頻繁に返事を出していたことが分かる。セリーが結婚を強いられた男が、長年にわたってネッティーから届いていた手紙をすべて隠しており、やがてセリーはそれを見つけるのだ。

1985年公開の映画『カラーパープル』より。
写真：Everett Collection／アフロ

Finding [6] a degree of [7] solace in her relationships with a large, energetic girl named Sophia and a sexy traveling singer named Shug, Celie for the first time has two role models for how a Black woman can [8] stand up for herself.

In Africa, the wife of the missionary couple Nettie became friends with passes away. Nettie later marries the husband and discovers that the former couple's adopted children are actually Celie's daughter, Olivia, and son, Adam.

Meanwhile in the countryside, Celie begins to [9] exert herself. She and Shug move to Tennessee, where Celie begins to design and sew tailored pants, ultimately creating a small business that succeeds. Celie later discovers that she has [10] inherited the family house and the farmland around it. She moves back, financially and spiritually renewed, followed by Shug and her reformed husband. They are joined by Nettie and her husband, and by Celie's adult children, whom she meets for the first time since she gave birth to them.

The novel portrays relationships between women as a [11] salvation in a world of violence created by men, by racism and by [12] paternalism. As "sisters," these ties help Celie develop a deep sense of self, a sense of empowerment. They find something to love in the universe — all of the beautiful things that we can love and appreciate, even the color purple in the fields around the farm. The novel shows us that the beautiful things in the world help us survive the hatred, the emotional pains and the tragedies we face.

---

[6] a degree of 〜: ある程度の〜
[7] solace: 癒やし、安堵
[8] stand up for oneself: 自力で生きていく、独力でやっていく

[9] exert oneself: 奮闘する、努力する
[10] inherit: 〜（遺産）を相続する
[11] salvation: 救済
[12] paternalism: 家父長的態度、父権主義

　ソフィアという大柄で活発な少女と、シャグという名のセクシーな巡業歌手との関係にいくばくかの安らぎを見いだしたセリーは、黒人女性が自立するための二人のロールモデルを初めて手に入れる。

　アフリカでは、ネッティーが友達になった宣教師夫婦の妻が亡くなる。ネッティーは後にその夫と結婚するのだが、宣教師夫婦の養子が実はセリーの娘オリビアと息子アダムであることを知る。

　一方、セリーは田舎で奮闘し始める。彼女とシャグはテネシー州に移り住み、そこでセリーは注文仕立てのズボンのデザインと縫製を始め、最終的に小さなビジネスを立ち上げて成功する。その後セリーは、自分が家族の家とその周りの農地を相続したことを知る。経済的にも精神的にも生まれ変わった彼女は生家に戻り、シャグと彼女の改心した夫が続く。そこにネッティーとその夫、そしてセリーが出産以来初めて会う成人した子どもたちが加わる。

　この小説は、男性によって、人種差別によって、父権主義によって作られた、暴力の世界における救いとして、女性同士の関係を描いている。「姉妹」としての絆は、セリーが自己を深く認識し、エンパワメントの感覚を育む助けとなる。彼女らは世界の中に愛すべきものを見つける——私たちが愛し、感謝することのできる美しいものすべて、農場の周りの野原にある紫の色（the color purple）でさえも。この世の美しいものは、私たちが直面する憎しみ、心の痛み、悲劇を生き抜く助けとなると語られている。

NOTE

［原書の英語の難易度　★★★☆］

著者ウォーカー（1944-）は、特に女性のアフリカ系アメリカ人に焦点を当てる作品を多く著しているフェミニストである。本作品は原作本よりも映画版（スティーブン・スピルバーグ監督／ウーピー・ゴールドバーグ主演）が分かりやすいので、興味のある方は映画版をお薦めしたい。

『カラーパープル』
アリス・ウォーカー著／1982年刊

ジョージア州の片田舎で、教育も受けず、虐待され、孤独に育ったアフリカ系アメリカ人女性、セリー。男性優位かつ差別意識が色濃く残る社会の中でエンパワメントへの闘いを描いたフェミニズム作品。刊行翌年の1983年にピュリツァー賞を受賞。作品に登場する女性キャラクターの深みと、無教養な黒人が書いたとつとつとした手紙形式でつづられていることも高く評価された。

14 📖 *I Know Why the Caged Bird Sings,* by Maya Angelou

—Groundbreaking Memoir of a Young Black Girl—

The image of a caged bird singing despite being trapped in one place is a symbol that readers will consider carefully as they read this superb work. This is the first of a series of seven autobiographical works, covering the author's ❶traumatic childhood between the ages of 3 and 16. It ❷recounts a very unsettled childhood within the racial tensions of the American South.

This first volume, first published in 1969, quickly became one of the most widely read — and widely taught — books written by a Black American woman. It followed ❸the 1968 assassination of Dr. Martin Luther King, Jr. and resulted from her attempt to deal with the death of a friend and to condemn racism as she personally experienced it.

Maya's mother and father divorce, and she is sent to live with her grandmother in rural Stamps, Arkansas. Her grandmother Annie, whom she and her brother call Momma, owns the only Black store in the Black part of the town. Maya and her brother, Bailey, feel rejected and abandoned. Maya also begins to feel that she is ugly and can never ❹measure up to white girls — or even other Black girls.

Although she assumed that her parents were probably dead, her father, Bailey, suddenly appears and takes Maya and her brother to live in St. Louis with their mother, Vivian.

---

❶ traumatic: トラウマになるような

❷ recount: ～を物語る、～を詳しく話す

❸ the 1968 assassination of Dr. Martin Luther King, Jr.: ※アメリカの公民権運動を主導した黒人牧師のマーティン・ルー

サー・キング・Jr.（p. 48参照）が、1968年4月4日、演説のため滞在していたメンフィスで銃撃された暗殺事件

❹ measure up to ～: ～（基準など）に達する、～（期待など）にかなう

『歌え、翔べない鳥たちよ』
マヤ・アンジェロウ著
―黒人少女の画期的な回想録―

　この優れた作品を読みながら考えるのは、ある場所に閉じ込められながらも歌う、籠の鳥のイメージだろう。本書は、3歳から16歳までの著者のトラウマ的な子供時代を扱った、7つの自伝的作品から成るシリーズの、最初の作品である。アメリカ南部の人種をめぐる緊張の中での、非常に不安定な子供時代を回想している。

　1969年初版のこの第1巻は、程なくして、アメリカ黒人女性が書いた本の中で最も広く読まれ、また教育の場でも広く取り上げられる本の一つとなった。1968年のマーティン・ルーサー・キング・Jr.牧師の暗殺の後に出版された本作品は、友人の死を乗り越え、自身が経験した人種差別を非難しようという彼女の試みの結果として生まれたものである。

　マヤの母親と父親は離婚し、彼女はアーカンソー州の田舎町スタンプスに送られ、祖母と暮らすことになる。彼女と兄がママと呼ぶ祖母アニーは、町の黒人居住区で唯一の黒人商店を経営している。マヤと兄のベイリーは、拒絶され、見捨てられたと感じる。マヤはまた、自分は醜く、白人の女の子たちにも、そして他の黒人の女の子たちにもかなわないと感じ始める。

　両親は死んだのだろうと思っていたが、父ベイリーが突然現れ、マヤと兄を連れて母ビビアンとセントルイス（ミズーリ州）で暮らすことになる。

マヤ・アンジェロウ（左）とトーク番組司会者兼プロデューサーのオプラ・ウィンフリー（右）。
写真・ロイター／アフロ

Vivian then moves in with her boyfriend, Mr. Freeman, who begins sexually **⑤**molesting Maya, threatening to kill her brother Bailey if she tells anyone. Freeman is **⑥**put on trial for rape but is **⑦**subsequently beaten to death. Believing that her voice was responsible for a man's death, Maya stops talking to anyone other than her brother Bailey for nearly five years. Eventually, she and Bailey are sent back to live with Momma in Arkansas.

Although Maya is relieved to be back in Stamps, she continues to be silent. Momma helps Maya by introducing her to a kind, educated woman named Bertha Flowers, who encourages Maya to read books of poetry out loud. The result is that Maya begins to regain her voice.

In Stamps, she becomes aware of the strength of the Black community, but also of its fragility, and she observes the entire community listening to the radio broadcast of the Black champion **⑧**Joe Louis in the heavyweight championship boxing match, desperately longing for that Black champion to defend his title against a white opponent. At the same time, she continues to personally experience racism, **⑨**to the point of being refused dental treatment by a white dentist. To make prejudice even more apparent, when she finishes **⑩**eighth grade, the white speaker at her graduation **⑪**infuriates the proud Black community by stating that Black students should have no other expectations than to become either servants or athletes.

---

⑤ molest: 〜（女性・子供）に性的な乱暴をする、〜を虐待する

⑥ put 〜 on trial: 〜を裁判にかける

⑦ subsequently: その後

⑧ Joe Louis: ジョー・ルイス（1914-'81）※アメリカのプロボクサーで、第16代世界ヘビー級チャンピオン。「褐色の爆撃機（Brown Bomber）」の異名を持ち、12年もの間、王座を守った。世界王座25回連続防衛の記録は、全階級においていまだに破られていない

⑨ to the point of 〜: 〜するまでに、〜のところまで

⑩ eighth grade: 8年生 ※日本の中学2年生にあたる。アメリカの学校制度では9年生から高校とする自治体が多い。ここでは8年生で中学を卒業したという意味

⑪ infuriate: 〜を激怒させる

その後、ビビアンは恋人のフリーマンと一緒に暮らし始めるが、フリーマンはマヤに性的虐待を加え、誰かに話したら兄のベイリーを殺すと脅す。フリーマンは強姦罪で裁判にかけられるが、その後、撲殺される。マヤは自分の声が一人の男の死の原因になったと信じ、5年近くもの間、兄のベイリー以外と口を利かなくなる。結局、マヤと兄は再びアーカンソー州のママと暮らすことになる。

マヤはスタンプスに戻ってほっとするものの、沈黙を続ける。ママはマヤをバーサ・フラワーズという、優しく、教養のある女性に紹介し、バーサはマヤに詩の本を声に出して読むように勧める。その結果、マヤは声を取り戻し始める。

彼女はスタンプスで、黒人コミュニティーの強さと同時にそのもろさにも気づき、コミュニティー全体が、黒人チャンピオンのジョー・ルイスが出場する、ボクシングのヘビー級選手権試合のラジオ放送を聞き、その黒人チャンピオンが白人相手にタイトルを防衛することを切実に望んでいることに気づく。同時に、彼女は個人的に人種差別を経験し続け、ついには白人の歯科医から歯科治療を拒否されてしまう。偏見がさらにあらわになったのは、彼女が8年生を終えるとき、卒業式で白人の講演者が、黒人の生徒は使用人になるかスポーツ選手になる以上のことを期待してはいけないと発言し、誇り高き黒人社会を激怒させたことだった。

NOTE

[原書の英語の難易度 ★★★☆]

マヤ・アンジェロウや前項のアリス・ウォーカー（p. 62）が描いた黒人女性に対する過酷な扱いは、アメリカの有名な長寿TVトークショー『オプラ・ウィンフリー・ショー』で知られるオプラ・ウィンフリーが取り上げ、その結果、多くのアメリカ人女性に影響を与えた。彼女たちの物語は、黒人女性、有色人種女性、そして白人女性までもが、男性との関係や社会における処遇において直面している問題をあぶり出し、全国民の意識を高めた。

Momma then decides to send Maya and Bailey back to their mother, and they [12] end up in Oakland, California. One of only three Black students in her school there, Maya begins to study dance and drama. Her mother's new husband, Clidell, becomes a genuine [13] father figure to her — a major change in her life. But that positive experience is seriously disturbed by the reappearance of her father and his new girlfriend, leading to more trouble. Her brother, meanwhile, gets involved with a rough crowd and leaves home, much to her great sadness.

Maya becomes pregnant just before graduating from high school, but with the support of her mother and Clidell, she gives birth to Guy. Vivian encourages her and tells her that she will become a good mother. Maya begins to feel confident that she can do it.

This powerful autobiography shows the cruel effects of racism and [14] segregation on a very young Black girl. She comes to believe that white skin and blond hair are ideal and her own black skin and [15] kinky hair are ugly. Various incidents, including the support for Joe Louis as a Black hero, show the desperate hope of Black people praying for their own kind of hero.

From birth to high school graduation and motherhood, Maya struggles with [16] rootlessness, being unable to feel comfortable in a single place called home. Only when she reaches San Francisco does she feel she belongs somewhere. She feels this way because the city is filled with people from different places.

---

[12] end up in ～: 最終的に～に至る
[13] father figure: 父的存在
[14] segregation: 差別、隔離

[15] kinky: (髪が) 縮れた
[16] rootlessness: 根無し草であること、不安定であること

　そしてママは、マヤとベイリーを母親のもとに送り返すことを決め、兄と妹はカリフォルニア州オークランドにたどり着く。学校でたった3人の黒人生徒の1人として、マヤはダンスと演劇を習い始める。母親の新しい夫クリデルは、彼女にとって本物の父親代わりとなり、彼女の人生に大きな変化をもたらす。しかし、そのプラスの体験は、父親とその新しいガールフレンドの再登場によって大きく乱され、さらなるトラブルが引き起こされる。一方、兄のベイリーも荒れた連中と関わって家を出て行き、マヤは悲嘆に暮れる。

　マヤは高校卒業を目前に妊娠するが、母親とクリデルの支えでガイを出産する。ビビアンは彼女を励まし、きっといい母親になると言う。マヤは自分ならできると自信を持ち始める。

　この力強い自伝は、人種差別と隔離が幼い黒人の少女に与えた残酷な影響を示している。彼女は、白い肌とブロンドの髪が理想で、自分の黒い肌とくせ毛は醜いと信じるようになる。ジョー・ルイスを黒人の英雄として支持することを含むさまざまな事件は、自分たち自身の英雄を切望する黒人の悲願を示している。

　生まれてから高校を卒業し、母親になるまで、マヤは家と呼べるような一つの場所に安住することができず、よりどころの無さに苦しむ。サンフランシスコにたどり着いたとき、初めて彼女は自分の居場所があると感じる。彼女がそう感じるのは、この街がさまざまな場所から来た人々であふれているからだ。

『歌え、翔べない鳥たちよ』
マヤ・アンジェロウ著／1969年刊

詩人・作家・女優・歌手・人権活動家という多才な顔を持つマヤ・アンジェロウ（1928-2014）による、7つの自伝的作品のうちの一作目にして代表作。共に公民権運動で闘ったマーティン・ルーサー・キング牧師が1968年に暗殺された後、アンジェロウは作家のジェームズ・ボールドウィンや漫画家のジュール・ファイファーとの出会いに触発され、友人の死を乗り越え、自らの人種差別との闘いを知らしめるために本書を執筆した。たちまち人気を博し、2年にわたって、ベストセラーリストに載り続けた。

15 *The Red Badge of Courage, by Stephen Crane*
—The Red Sickness of Battle—

Set in ❶the American Civil War (1861-'65), this is the story of teenager Henry Fleming, who joins ❷the Union Army, the army of the North, hoping to fulfill dreams of honor and glory. He says goodbye to his mother, who doesn't want him to ❸enlist in the army, and to his friends, who see him as brave and courageous. He leaves his hometown filled with confidence and dreams.

But he immediately begins to regret his decision. The army waits weeks to join the fighting against ❹the Confederate Army, and he becomes increasingly afraid of what might happen to him. In his first battle, unable to see through the smoke of ❺gunfire and ❻cannons, he ❼blindly shoots at an enemy he cannot see. When the enemy attacks, he runs from the battlefield.

After learning that his ❽regiment has pushed the enemy back, he returns to the battlefield and finds many wounded soldiers seeking medical help. Henry encounters one veteran soldier from his own regiment named Jim Conklin, who is seriously wounded. Henry follows him until Jim ❾collapses and dies. Other wounded soldiers talk to Henry, asking where he is wounded, but Henry is not wounded. He feels guilt about his lack of courage. And his ❿self-hatred stops him from returning to his regiment.

---

❶ the American Civil War: アメリカ南北戦争 ※p. 28参照

❷ the Union Army: (南北戦争の) 北軍

❸ enlist: 入隊する、参加する

❹ the Confederate Army: 連合軍 ※p. 28参照

❺ gunfire: 銃の発砲、砲火

❻ cannon: 大砲

❼ blindly: 手探りで、やみくもに

❽ regiment: 連隊

❾ collapse: 崩れる、倒れる

❿ self-hatred: 自己嫌悪

『赤い武功章』
スティーブン・クレイン著
―戦争という赤い病―

　アメリカ南北戦争（1861〜'65年）を舞台にしたこの物語は、名誉と栄光の夢を
かなえるために北軍に入隊した10代のヘンリー・フレミングの物語である。入隊を
望まない母や、勇敢で勇気のある男として見てくれる友人たちに別れを告げる。彼
は自信と夢に満ちあふれて故郷を後にする。

　しかし、彼はすぐに自分の決断を後悔し始める。軍隊が連合軍（南軍）との戦闘に
参加するのに何週間もかかり、彼は次第に自分に何が起こるのだろうかと怖くなっ
ていく。最初の戦闘では、銃と大砲の煙で視界が利かない中、彼は見えない敵をや
みくもに撃つ。敵が攻撃してくると、彼は戦場から逃げ出す。

　自分の連隊が敵を押し返したことを知り戦場に戻ると、多くの負傷兵が医療支援
を求めているのを見る。彼の連隊のベテラン兵士ジム・コンクリンに遭遇したが、
彼は重傷を負っていた。ジムが倒れて死ぬまで、ヘンリーは彼について行く。他の
負傷兵たちはヘンリーに話しかけ、どこを負傷しているのかと尋ねるが、ヘンリー
は負傷していないのだ。彼は自分の勇気のなさに罪悪感を覚える。そして自己嫌悪
から、彼は連隊に戻るのをやめる。

NOTE

[原書の英語の難易度　★☆☆☆]

戦争や戦闘の物語のほとんどは、敵対する
集団や戦略の成功や失敗に焦点を当ててい
るものが多い。それに対しクレインは、一
人の新兵の内面の変化を鮮やかに描き出し、
読者を引き込む。読者は、主人公の新兵の
状況に置かれた自分自身を想像し、己を見
つめ直すことになるだろう。

From a distance, Henry watches the battle ⓫turning against his forces and sees many of his companions ⓬retreating. He joins them as they escape. When he attempts to stop one escaping soldier and find out what is happening, the soldier doesn't reply but simply hits Henry over the head, leaving Henry with a serious wound. Henry becomes ⓭dazed and wanders through the forest.

Eventually a helpful soldier guides him toward his regiment. Henry fears that he will be ⓮ridiculed by his ⓯comrades, but two soldiers, Simpson and Wilson, notice his head injury and begin giving him medical aid. Of course, they think he was injured in fighting against the enemy forces. Henry — because he is ashamed — doesn't explain what really happened to him.

Wilson gives Henry a packet of personal letters to give to his family in case he dies in battle. Henry suddenly realizes that Wilson is also afraid of dying. This knowledge ironically gives Henry courage and rebuilds his self-confidence. He transforms himself into a bold, aggressive soldier. In the next ⓰assault on the enemy, he ⓱leads the charge with his ⓲lieutenant and takes the regimental flag after the previous ⓳flag bearer is killed.

This short novel shows how an innocent young man starts out with great confidence thinking he can become a hero. On the battlefield, he realizes that war is not just an opportunity to gain glory and prove himself. Instead, he becomes afraid of all the ⓴cruelty he ㉑witnesses. He has seen men in both armies suffering terrible wounds and dying from grotesque injuries. He becomes deeply afraid and ashamed of his weakness. Slowly he overcomes his lack of confidence and fears. He finds purpose in life and changes into a mature young man.

⓫ turn against 〜: 〜に不利になる
⓬ retreat: 撤退する、退却する
⓭ dazed: ぼうっとした、ぼうぜんとした
⓮ ridicule: 〜を嘲笑する
⓯ comrade: 仲間、同志
⓰ assault: 攻撃、襲撃

⓱ lead the charge: 突撃の先頭に立つ
⓲ lieutenant: （アメリカでは、陸軍、空軍、海兵隊の）中尉
⓳ flag bearer: 旗手
⓴ cruelty: 残酷さ
㉑ witness: 〜を目撃する

　ヘンリーは遠くから、戦いが自軍に不利になるのを見守り、多くの仲間たちが退却していくのを見る。彼らが逃げると、自分も加わる。逃げていく一人の兵士を止め、何が起こっているのかを確かめようとすると、その兵士は何も答えず、ただヘンリーの頭を殴り、重傷を負わせる。ヘンリーはぼうっとし、森の中をさまよう。

　やがて親切な兵士が彼を連隊へ案内してくれる。ヘンリーは仲間にばかにされるのではないかと心配するが、キャンプに入ると、シンプソンとウィルソンという2人の兵士が彼の頭のけがに気づき、手当てを始める。もちろん彼らは、ヘンリーが敵軍との戦闘で負傷したのだと考える。ヘンリーは恥ずかしさのあまり、本当に自分に起きたことは説明しない。

　ウィルソンはヘンリーに、戦いで死んだ場合に家族に渡す私信の包みを渡す。ヘンリーはふと、ウィルソンも死ぬことを恐れていることに気づく。この気づきは皮肉にもヘンリーに勇気を与え、自信を回復させる。彼は大胆で攻撃的な兵士に変身する。敵への次の攻撃では、彼は中尉と共に突撃の先頭に立ち、前の旗手が戦死した後、代わって連隊旗を手にする。

　この短編小説は、純真な青年が、自分が英雄になれるかもしれないと思い、大きな自信を持って出発する様子を描く。戦場で彼は、戦争が単に栄光を得たり、自分を証明したりする機会ではないことに気づく。それどころか、目の当たりにする残酷さすべてを恐れるようになる。両軍の兵士がひどい傷を負い、おぞましい負傷で死んでいくのを目にしたのだ。彼は深い恐怖にかられ、自分の弱さを恥じるようになる。彼は徐々に自信のなさと恐れを克服していく。人生の目的を見つけ、成熟した青年へと変わっていくのだ。

『赤い武功章』
スティーブン・クレイン著／1895年刊

アメリカの戦争小説の代表作の一つと称される、南北戦争を舞台にした物語。主人公は北軍の志願兵として農村から戦場に赴いたヘンリー・フレミング。一度は戦地から逃亡してしまうが、自身の臆病さに打ち勝ち、「赤い武功章」である負傷を切望する。戦争という熱狂に巻き込まれ、自らが軍隊という集団の一部、ひいては自然の一部にすぎないことを理解し、成長する、アメリカの若者の人間心理が描かれる。28歳で早逝した著者スティーブン・クレイン（1871-1900）が、作家としての地位を確立した作品。

アメリカの図書館から本が消える

　公立学校のカリキュラムや、学区の住民によって選出される教育委員会の決定は、過去数十年の間に多くの深刻な問題に直面している。論争の多くは、特に学校のカリキュラムと学校図書館に関するものだ。授業でどの本を生徒に読ませるかについては、一触即発の状態になっており、その理由はさまざまである。

　アメリカの歴史の教え方も問題になっている。学校で教える歴史の目的は、国が成し遂げたことに誇りを持たせることなのか、それとも過去のプラス面とマイナス面をバランスよく伝えることなのか。アメリカの歴史は、1492年（ヨーロッパ人［コロンブス］が初めてカリブ海に到達した年）、1619年（アフリカ人奴隷が初めてアメリカに到達した年）、あるいは1776年（独立宣言に署名した年）から始まるべきなのだろうか？　しかしこれらの出来事はすべて、先住民族が何千年も前からアメリカ大陸に住んでいたという事実を完全に無視している。

　もう一つの課題は、特定の言葉の使用である。例えば、ジョーゼフ・ヘラーの『キャッチ＝22』(p. 122) は、発禁処分、あるいは問題ありとなった古典のリストに載っている。1972年、オハイオ州ストロングスビルの教育委員会は、『キャッチ＝22』および同著者の他の2冊の本を、不快な表現があることを理由に学校図書館とカリキュラムから削除した。5組の家族が学校を訴えたが、裁判所は教育委員会にはカリキュラムを管理する権利があるとして、訴えを退けた。この判決は1976年の控訴審で覆された。裁判所は、「図書館は知識の貯蔵庫である。生徒と教師が望む情報を、生徒が受け取る権利が守られるか否かを懸念する」と述べた。

　性的な行為や身体の部位を指す言葉も、学区によっては問題になっている。あるPTAの会合では、それを口実に学校の図書館の本棚から本を引き上げる保護者もいる。こうした親たちは、どのような言葉であっても性的行為に言及することにすら反対する。またLGBTQの問題や性的マイノリティーの登場人物を扱ったカリキュラムや図書館の本に異議を唱える親もいる。

　そして、人種も大きな問題の一つだ。時代とともに、アメリカ人は印刷物や会話で"nigger"という言葉を使わなくなり、今ではこういった単語は"N-word"と呼ばれている。確かに、今日では黒人を指す言葉として使うべきではない。しかし、文学の世界ではどうだろう？　『ハックルベリー・フィンの冒険』（p. 52）のハック・フィンは、この言葉を100回以上使っているが、それはこの本が舞台とする19世紀の奴隷制度時代に使われていたからだ。今使っていいということにはならないが、だからといってこの重要な本をカリキュラムや学校の図書館から撤去する理由にはならないだろう。なぜならこの本は、白人の少年ハックが、奴隷だった黒人のジムが人間であり、親密で頼りになる友人であることに気づくという、子どもたちに授けるべき大切なメッセージを伝えているからだ。これは、nigger という語の使用うんぬんよりもずっと重要な教えである。

　第二次世界大戦以来、アメリカ人はさまざまな異なる言葉を許容してきた——ニグロ（Negro）、有色人種（colored people）、アフロ・アメリカン（Afro-Americans）、アフリカ系アメリカ人（African-Americans）、黒人（Blacks）、またはブラック・アメリカン（Black Americans）など。以前は"Black"は侮辱と見なされていたが、今では"Black"と呼ばれる人々が自分たちを表現するために使っている。例えば"Black Lives Matter"はその例だ。

　民族や「有色人種」（people of color）を指す言葉の問題もある。Chink（中国人）、Jap（日本人）、wetback（メキシコ人。特に不法入国者）、wop（イタリア系の人）、redneck（無学の白人労働者）などは、侮辱的な言葉で、私たちが日常的に使うべきではない。しかし物語に登場する場合は、読み手は、その時代について思いをめぐらせ、それを口にする登場人物が、そうした偏見を持っていることを知り、その理由を考える。それは物語の内容の一部であり、単に排除すべき「悪い言葉」ではない。

Chapter

4

📖

思想と理想

16 *Walden,* by Henry David Thoreau
— Simple Living on the Shore of Walden Pond —

Ralph Waldo Emerson's essay "❶Self-Reliance" influenced his friend Henry David Thoreau to ❷put the idea of self-reliance into actual practice. Thoreau's experiment in becoming self-reliant took place at Walden Pond, near the small village of Concord, Massachusetts, in 1845. He ❸commenced this lifestyle on July 4 — America's Independence Day — making it a personal Independence Day. He concluded his attempt in September 1847. Although he actually remained there two years, his ❹narrative is ❺compressed into a single year from spring to spring.

Self-reliance takes several shapes in his time at Walden Pond. Determined not to depend on anyone but to support himself by his own labor, Thoreau grows peas to sell, and he proves that he is a provider rather than a receiver in life's economy. He is, ❻in effect, able to pay his own bills without assistance. The chapter "Economy" ❼depicts his ideas about daily household affairs and mentions the townspeople's ❽skepticism about his living so far away from society. We learn how he constructed his cabin in spring with borrowed materials and tools, on land owned by his friend Emerson.

Self-reliance has a philosophical tone when it comes to considering "the inner self" and the self's relationship with nature. He is able to feel as if his individual soul is a part of nature. Thoreau comments on his ❾contentment with solitude, although he enjoys regular companionship with frequent visits to town and regular visitors to his small cabin in the woods.

---

❶ self-reliance: 自立、自助　※ "Self-Reliance"（「自己信頼」）については、p. 106参照

❷ put ～ into practice: ～を実践する

❸ commence: ～を開始する

❹ narrative: 物語、談話

❺ (be) compressed into ～: ～に圧縮された

❻ in effect: 事実上、実際

❼ depict: ～を描写する、～を表現する

❽ skepticism: 懐疑的な態度

❾ contentment: 満足

『森の生活—ウォールデン』
ヘンリー・デイヴィッド・ソロー著
—ウォールデン池のほとりの簡素な暮らし—

　ラルフ・ウォルドー・エマソンの「自己信頼」は、彼の友人であるヘンリー・デイヴィッド・ソローに自立を実践するよう影響を与えた。ソローは1845年、マサチューセッツ州コンコードという小さな村の近くにあるウォールデン池で自給自足の実験を行った。彼はこのライフスタイルを7月4日（アメリカの独立記念日）に開始し、この日を個人的な独立記念日とした。そして1847年9月にその試みを終えた。実際にはそこに2年間滞在したが、彼の物語は春から次の春までの1年間に凝縮されている。

　ウォールデン池で過ごした時間の中で、自給自足はいくつかの形を取る。誰にも頼らず、自分の労働力で自活することを決意したソローは、エンドウ豆を育てて売り、自身の生活の経済において自分が受け手ではなく供給者であることを証明する。彼は実際、援助なしで自分の生活を成り立たせることができる。「経済」の章では、日常的な家事についての、彼の考えが書かれ、彼が社会から遠く離れて暮らしていることに対する町の人々の懐疑心に触れている。春には、友人のエマソンが所有する土地に、借り物の材料と道具を使って山小屋を建てた様子が分かる。

　自給自足はまた、「内なる自己」と、自分と自然との関係を考える際、哲学的な色合いを帯びる。彼は自分の魂が自然の一部であるかのように感じることができる。ソローは、定期的に町を訪れたり、森の中の小さな山小屋に頻繁に客を迎えたりする交流を楽しみながらも、孤独に満足していると記している。

出版初期の頃の『森の生活——ウォールデン』の表紙。
写真：GRANGER.COM／アフロ

He cultivates his peas in the mornings and ❿devotes afternoons and evenings to walks, reading and ⓫contemplation. And he repeatedly comments on the sense of freedom this ⓬yields, ⓭in contrast with the lives of people who devote themselves to material prosperity.

With the passing of the seasons, he shares the woods with birds and animals, some of which he sees as spiritual or even ⓮playful neighbors. He doesn't view them scientifically but gives them philosophical significance, each with a lesson he can learn from. Watching the birds and animals prepare for winter, he prepares his own cabin, too.

Thoreau tells us that his time at Walden is over and he has returned to the civilized life of Concord in early autumn 1847. His time at Walden was ⓯experimental and only temporary. However, he has discovered the potential benefits of being an individual in solitude, something he encourages the reader to attempt in order to live fully.

Among the ideals he ⓰asserts is the value of simplicity, in daily life and in philosophy as well. When it comes to material possessions, one can choose to acquire more or minimize one's desires. Instead of new clothes and new housing — and the need to work hard to obtain them — he chooses to mend his old clothing and build and repair his own house by himself.

---

❿ devote A to B: AをBにささげる

⓫ contemplation: 熟考、瞑想

⓬ yield: 〜を生み出す

⓭ in contrast with 〜: 〜とは対照的に

⓮ playful: 遊び好きな、陽気な

⓯ experimental: 実験的な

⓰ assert: 強く主張する

　午前中は豆を育て、午後と夜は散歩、読書、瞑想に費やす。そして、こうしたものがもたらす解放感について繰り返し述べ、物質的な繁栄に身をささげる人々の生活と対比する。

　季節の移り変わりと共に、彼は森を鳥や動物と共有する。こうした鳥や動物たちの中には精神的なつながりを持つ仲間がいたり、あるいは遊び仲間だったりもする。彼はこうしたことを科学的に見るのではなく、哲学的な意味を持たせ、一つ一つ学べる教訓があるとする。鳥や動物たちが冬支度をするのを見て、彼も自分の小屋の準備をする。

　ソローは1847年の初秋、ウォールデンでの生活を終えて、コンコードの文明的な生活に戻ったと語る。ウォールデンでの生活は実験的なもので、一時的なものにすぎなかった。しかし、彼は孤独の中で自分自身でいることの潜在的な利点を発見し、人生を充実させるために読者にそれを試みるよう勧めている。

　彼が主張する理想の一つは、日常生活においても哲学においても、簡素であることの価値だ。物質的な所有物に関しては、より多くを手に入れるか、欲望を最小限に抑えるかを選択することができる。新しい衣服や新しい住居──そしてそれらを手に入れるために懸命に働く必要性──の代わりに、彼は古着を繕い、自分の家を自分で建て、修理することを選ぶ。

NOTE

[原書の英語の難易度　★★☆☆]

ソローは生涯にわたってニューイングランドの自然環境を通して人間の叡智と可能性を探ろうとし、ある種の公共的良心を体現した人物である。エッセー『市民の反抗』（1849）や、メキシコ戦争での奴隷制の支持につながる人頭税の支払いを拒否して一晩投獄されたことなどで、国家よりも良心が優位であると主張する人道的急進主義者としての名声を得た。彼はまた、奴隷廃止論者ジョン・ブラウンを公然と擁護し、彼の著作は、マハトマ・ガンジーやマーティン・ルーサー・キング・Jr. にも影響を与えた。

Those who constantly ⑰crave improvement, technical advance and possessions, he says, are unlikely to obtain inner peace and contentment. Trains, for example, give one the illusion of speed, greater freedom and more time, but, actually, people have to order their lives around fixed schedules and routes. They become less content as technology improves.

By telling about his experiment in the woods, he hopes to awaken readers to a better way of life, one free of materialism, constant labor and anxiety. Recalling his life in nature, he has become more alert spiritually as well as intellectually, able to live ⑱deliberately and find the true meaning of life. He gives more attention to the calls of birds, the cries of owls, the visits of squirrels — and less attention to the noise of a distant railroad.

Through his time in the woods, he has not remained completely ⑲isolated from the human community, but the meaningful intimacy of visitors requires space, quiet and ⑳a degree of distance, and it has nothing to do with temporary hospitality. Some visitors are able to respond to nature, but businessmen and farmers seem unable to escape from their occupations long enough to enjoy being in the woods. It is the young children and women who are able to ㉑connect with nature.

---

⑰ crave: 〜を切望する

⑱ deliberately: 時間と手間をかけて、悠々と

⑲ isolated: 隔絶された、人と交わらない

⑳ a degree of 〜: ある程度の〜

㉑ connect with 〜: 〜とつながりがある、〜と気持ちが通じる

　向上や技術的進歩、財産を常に切望する人は、内なる平和や満足を得にくい、と彼は言う。例えば、電車はスピードやより多くの自由、時間の余裕を錯覚させるが、実際には決められたスケジュールやルートに合わせて生活をしなければならない。技術が進歩すればするほど、人々は満足しなくなる。

　森での実験について語ることで、彼は読者に、物質主義や絶え間ない労働、不安から解放されたより良い生き方への目覚めを促したいと考えている。自然の中での生活を回想することで、彼は知性的にだけでなく精神的にも鋭敏になり、悠々と生き、人生の真の意味を見いだせるようになった。鳥の声、フクロウの鳴き声、リスの訪問に注意を払うようになり、遠くの鉄道の騒音にはあまり注意を払わなくなった。

　森の中で過ごす間、彼は人間社会から完全に隔離されたままではない。しかし、来訪者との有意義な親交は、空間と静けさ、そしてある程度の距離が必要であり、それはちょっとしたおもてなしといったものではない。自然との応答ができる訪問者もいるが、ビジネスマンや農業従事者は、森の中にいることを楽しめるほどには自分の職業から長く逃れることはできないようだ。自然とつながることができるのは、幼い子どもたちや女性たちなのだ。

『森の生活──ウォールデン』
ヘンリー・デイヴィッド・ソロー著／
1854年刊

ソロー（1817-'62）は、27歳のとき、実家から3キロ離れた、ウォールデン池のほとりに自らの手で小屋を建て、自給自足の生活を始めた。本書では2年2カ月と2日間にわたる実験的体験を1暦年に圧縮し、四季の節目を人間の成長になぞらえている。この作品は個人的な独立宣言である一方で、社会的実験であり、精神的発見の航海であり、さらに風刺でもある。

17 📖 *Silent Spring,* by Rachel Carson
— "In nature, nothing exists alone." —

Rachel Carson began her career as a ❶marine biologist. While working with the U.S. Fish and Wildlife Service, she published several books about the seas and ocean ❷biospheres. They dealt with the ways that shellfish, seabirds and fish are closely connected. In short, she took an ❸ecological view of the complex connections within nature. When a friend wrote to her about the large number of birds dying on the coastline of Cape Cod, Massachusetts, as a result of the wide use of a spray called ❹DDT, she gathered a massive quantity of research on that ❺pesticide.

In 1962, she published *Silent Spring*, whose title referred to the impact of chemical pesticides. ❻In effect, the book asked readers to wonder why there were fewer birds each year. The book's most famous chapter went even further. Titled "A Fable for Tomorrow," it ❼portrayed an American town of the future where all life — including fish, birds, apple blossoms and human children — was "silenced" by the terrible effects of DDT. Her book was written for a general readership, but it included detailed scientific research and a list of famous scientists who had read and approved the manuscript.

The image of the spring season caught everyone's attention. She carefully explained the impact of chemical pesticides that had become widely used in American agriculture. Yes, the chemicals seemed like an efficient way to protect crops, so they became widely used, but chemicals also have ❽destructive ❾side effects.

---

❶marine: 海の
❷biosphere: 海洋生物圏
❸ecological: 生態学の、生態系の
❹DDT: ジクロロジフェニルトリクロロエタン
　※有機塩素系の強力な殺虫剤。残留性が高い
　神経毒で、環境や、人間を含む生物に害を及
　ぼす。今では日本を含む多くの国で使用禁止
　になっている

❺pesticide: 殺虫剤、農薬
❻in effect: 趣旨として
❼portray: 〜を描写する
❽destructive: 破壊的な
❾side effect: 副作用

『沈黙の春』
レイチェル・カーソン著
―「おのれのみで生くるものなし」―

　レイチェル・カーソンは海洋生物学者としてキャリアをスタートさせた。米国魚類野生生物局に勤務していた彼女は、海や海洋生物圏に関する本をいくつか出版した。それらは貝類、海鳥、魚類が密接に結びついていることを扱ったものだった。つまり、彼女は自然界の複雑なつながりを生態学的に捉えていたのだ。DDTと呼ばれる農薬散布が広範囲で行われた結果、マサチューセッツ州ケープコッドの海岸で多くの鳥が死んでいると友人からの手紙で知らされると、彼女はその殺虫剤に関する、膨大な量の研究を集めた。

　1962年、彼女は『沈黙の春』を出版し、そのタイトルは農薬の影響を示している。この本の趣旨は読者に対して、なぜ鳥の数が毎年減っているのかと考えてみるよう求めるものだ。この最も有名な章は、さらに踏み込んだ内容だった。「明日のための寓話」と題されたこの章は、魚、鳥、リンゴの花、人間の子どもなど、すべての生命がDDTの恐ろしい影響によって「沈黙」させられた、未来のアメリカの町を描いている。彼女の著書は一般読者向けに書かれたものだが、詳細にわたる科学的研究や、原稿を読んで賛同した、著名な科学者のリストも掲載されていた。

　この春のイメージは皆の注目を集めた。彼女は、アメリカの農業で広く使われるようになった農薬の影響を丁寧に説明した。たしかに、化学薬品は農作物を保護する効率的な方法のように思えたので、広く使われるようになったが、化学薬品には破壊的な副作用もあるのだ。

NOTE

[原書の英語の難易度　★★☆☆]

本書はこののち、『全地球カタログ』（1968年刊。ヒッピー向け雑誌で、特にAppleを創業したスティーブ・ジョブズなどが大いに影響を受けた）の創刊のきっかけとなる。さらに環境保護思想の源流の内の一つとなり、アースデイや国連人間環境会議のきっかけとなったと言われる。

When a chemical pesticide enters the ❿food chain, it affects every living ⓫organism. Carson's explanation was both simple and bold. Since human beings are dependent upon their environment for the food they grow, they need to be aware that chemical pesticides don't target just ⓬pests; they target animal life and ⓭contaminate rivers that provide drinking water for humans, too.

Carson's book explained that DDT killed pests that damaged or destroyed crops, but it also affected people without direct exposure to the chemical. For example, farmers used DDT to protect alfalfa plants. The alfalfa was fed to chickens, which laid eggs that contained DDT, and people ate the eggs.

The book called for the ⓮elimination of DDT and other pesticides that harm the whole environment and enter the food chain. In addition, it called for education about these issues and for environmentally friendly ways to preserve crops and protect nature. This meant learning how chemical pesticides negatively affect soil, plants, animals and human beings. It meant finding better and more sustainable methods of agriculture and cooperating with — not trying to control — nature.

Carson's *Silent Spring* is ⓯credited with starting the ⓰grassroots environmental movement when it was published in 1960s. The warning in her book became a powerful influence of social change in American society. Further, it raised global awareness of issues that affect people everywhere, not just in one country. Her book had a powerful influence on the 1960s ⓱counterculture and, more importantly, it made Americans much more active in protecting the environment. The whole world is ⓲indebted to her, through this one book.

---

❿ food chain: 食物連鎖

⓫ organism: 有機体、生命体

⓬ pest: 害虫、有害な小動物

⓭ contaminate: 〜を汚染する

⓮ elimination: 排除

⓯ credit 〜 with ...: …をしたとして〜を評価する、…の功績が〜にあるとする

⓰ grassroots: 草の根の

⓱ counterculture: カウンターカルチャー　※反体制文化、既存の価値観に反発する考え。p. 28 参照

⓲ indebted to 〜: 〜のおかげだ、〜に借りがある

　農薬が食物連鎖に入り込むと、あらゆる生命体に影響を及ぼす。カーソンの説明はシンプルかつ明確だった。人間は自分たちが育む食物を環境に依存しているため、農薬は害虫だけを対象とするのではなく、動物の生命も対象となり、人間の飲料水となる河川も汚染されることを意識しなければならない。

　カーソンの著書では、DDT は農作物に被害を与えたり枯らしたりする害虫を駆除したが、その化学物質に直接さらされていない人間にも影響を与えたとある。例えば、農家はアルファルファを保護するために DDT を使用した。アルファルファは鶏に与えられ、鶏は DDT を含む卵を産み、人々はその卵を食べた。

　この本は、環境全体に害を及ぼし、食物連鎖に入り込む DDT やその他の農薬の廃止を訴えた。それに加え、これらの問題についての教育や、農作物を保護し自然を守るための環境に優しい方法が必要だと訴えた。つまり、農薬が土壌、植物、動物、そして人間にどのような悪影響を及ぼすかを学ぶこと。より良い、持続可能な農業の方法を見つけ、自然をコントロールしようとするのではなく、自然と協力することを意味していた。

　カーソンの『沈黙の春』は、1960 年代に出版されたときに草の根の環境保護運動が始まるきっかけとなったと言われている。彼女の著書にある警告は、アメリカ社会における社会変革に対する強い影響力となった。さらに、一国だけでなく世界中の人々に影響を与える問題について、世界的な認識を高めた。彼女の著書は 1960 年代のカウンターカルチャーに強い影響を与え、さらに重要なこととして、アメリカ人を環境保護に積極的にさせた。この一冊を通して、全世界が彼女の恩恵を受けている。

レイチェル・カーソンは、環境問題に
対するアメリカ国民の関心を高めた。
写真：Science Source ／アフロ

『沈黙の春』
レイチェル・カーソン著／1962年刊

海洋生物学者のカーソン（1907-'64）が著した、農薬の危険性を取り上げた著作。発売後、国内において半年間で50万部を売り上げる。当時、知られていなかった農薬の残留性や生物濃縮がもたらす生態系への影響を公にし、社会的に大きな影響を与えた。本書の刊行により、米国内で安全性が疑問視される農薬には基準値を設けて規制し、のちに世界中の先進国が追随するようになった。

18 The New Testament of the Bible (New Revised Standard Version)
—The Life and Teachings of Jesus—

A fundamental element in American literature and culture, the New Testament of the Bible tells the story of the birth of Jesus, his teachings, his sacrifice and the experiences of the ❶disciples who followed him. The stories of John the Baptist; Jesus' mother, Mary; the young Jesus; and his gradual development leading to his being known as ❷the Messiah are common elements in American music, art and literature.

The four ❸Gospels at the beginning of the New Testament share common stories about Jesus as a child and as a religious leader. Among them are miracles. Jesus is said to have divided a few fish and several ❹loaves of bread and fed a huge crowd of people. He is said to have cured people with ❺fatal illnesses. He is said to have walked on the surface of a lake. He is said to have restored a dead man to life.

Among his major teachings is the "❻Sermon on the Mount," in which he explains ideals for human life. He ❼called on people to be merciful, to be pure in heart, to endure ❽persecution if necessary, to respect the poor and those who suffer and to forgive those who are cruel.

The Bible describes how Jesus allowed himself to be ❾crucified in order to save those who believed in his teachings. He was crucified, died and was buried, but on the day Christians celebrate as Easter, he ❿ascended into Heaven.

---

❶ disciple: 弟子、使徒
❷ the Messiah: メシア、救世主
❸ gospel: (通例 Gospel で) 福音、福音書
❹ loaf: パン一塊、一斤
❺ fatal: 致命的な、死に至る
❻ sermon: 説教　※ the Sermon on the Mount で、「山上の垂訓」。イエスが山の上で弟子た

ちと群集に語った教えのこと
❼ call on ~: ~に頼む、~に訴える
❽ persecution: 迫害
❾ crucify: ~をはりつけにする、~を十字架にかける
❿ ascend: 登る、昇る

『新約聖書』
（新改訂標準訳聖書）
―イエスの生涯とその教え―

アメリカの文学と文化の基盤を成す新約聖書は、イエスの誕生、その教え、犠牲、そしてイエスに従った弟子たちの経験を物語っている。洗礼者ヨハネ、イエスの母マリア、幼いイエス、そしてイエスが救世主として知られるようになるまでの段階的な成長の物語は、アメリカの音楽、芸術、文学における共通要素である。

新約聖書の冒頭にある4つの福音書が共に伝えるのは、幼少のイエスと宗教指導者としてのイエスについての物語だ。その中に奇跡がある。イエスは数匹の魚と数個のパンを分けて、大勢の群衆に食べさせたと言われている。不治の病にかかった人を治したと言われている。湖の水面を歩いたと言われている。死んだ人を生き返らせたと言われている。

彼の主な教えの中には、人間生活の理想を説いた「山上の垂訓」がある。彼は人々に、あわれみ深くあること、清らかな心を持つこと、必要であれば迫害に耐えること、貧しい人や苦しむ人を尊重すること、無慈悲な人を許すことを説いた。

聖書はイエスが自分の教えを信じる人々を救うために、自ら十字架にかけられたと記す。十字架につけられ、亡くなり、埋葬されたが、キリスト教徒がイースター（復活祭）として祝う日に、天国へ昇った。

NOTE

［ 原書の英語の難易度　★★☆☆ ］

『新約聖書』は、約束された人類の救い主イエスの登場と、12人の弟子たちとの活動を描く。最終的にイエスは十字架にかけられ、葬られ、復活し、その十字架はキリスト教会のシンボルとなった。イエスを神の子として、また救い主イエス・キリストとして信じる者たちは、新約聖書に、イエスのような自己犠牲、謙遜、他者への奉仕といった生き方の指針を求める。最も有名な King James Version（『欽定訳聖書』）の英語は美しいが、文学作品として味わうのは難しい。英語で読む場合は『新改訂標準訳』にあたるとよいだろう。

The majority of the episodes that follow the Gospels tell the experiences of those who followed Jesus's teachings after he was killed. These are often in the form of letters from disciples to believers. The stories they tell are often casually referred to in literature, in idioms like "⓫ see the light," in paintings and stained glass windows and, of course, in classical music.

Only really ⓬ devout Christian believers would usually read the whole Bible and there are many interpretations of the stories in the New Testament, but Americans generally recognize the origin of certain references. Someone who thinks he can "⓭ walk on water" is a person who thinks he is as special as Jesus Christ, who is said to have walked on water to calm the storm that threatened his disciples in a small boat. Someone who "has ⓮ a cross to bear" is a reference to how Jesus who had to carry his own cross to the place where he was crucified. "⓯ The road to Damascus" refers to the change of heart that a man named Saul ⓰ underwent when he encountered the spirit of Jesus on that road. It transformed him, and he took the name Paul as an indication of his new belief. He became a strong Christian after that.

If one were to recommend one book in the New Testament to read, it would be ⓱ The Gospel According to Luke for an overall view of the story of Jesus. For those who enjoy the ⓲ supernatural, the final book of the New Testament — ⓳ The Book of Revelation — is a literary masterpiece.

⓫ see the light: 理解する、信仰に目覚める
⓬ devout: 敬虔な
⓭ walk on water: 不可能なことをする、自信過剰である
⓮ a cross to bear: 耐えなければいけない苦難
⓯ the road to Damascus: 価値観や信念に大き

な変化をもたらす経験
⓰ undergo: ～（変化など）を経験する、受ける
⓱ The Gospel According to Luke: ルカの福音書
⓲ supernatural: 超自然現象
⓳ The Book of Revelation: ヨハネの黙示録

福音書に続くエピソードの大半は、イエスが殺された後の、その教えを信じた人々の体験を語っている。これらは多くの場合、弟子から信者への手紙の形式で書かれている。これらの話は、文学や、see the light（光を見る、真理・信仰に目覚める）といった慣用句、絵画、ステンドグラスの窓、そしてもちろんクラシック音楽などにも、しばしばさりげなく取り込まれている。

通常は、聖書全体を読んでいるのは本当に敬虔なキリスト教徒だけで、新約聖書の物語にはさまざまな解釈があるが、アメリカ人は一般的に、特定の引用の由来が分かる。自分が「水の上を歩く」ことができると思っている人は、小舟に乗った弟子たちを脅かした嵐を静めるために水の上を歩いたとされるイエス・キリストのように、自分を特別な存在だと思っている人だ。「背負うべき十字架がある」人は、イエスが磔刑を受ける場所まで自分の十字架を運んでいかなければならなかったことを指している。「ダマスカスへの道」とは、サウロという男がその道でイエスの霊に出会ったときに受けた心の変化を指している。その経験が彼を変え、彼は新しい信念の表れとしてパウロという名を名乗った。その後、彼は敬虔なキリスト教徒となった。

新約聖書の中で読むべき書簡を薦めるとすれば、イエスの物語を全体的に見渡せる「ルカによる福音書」だろう。超自然的現象が好きな人には、新約聖書の最後の書である「ヨハネの黙示録」が文学的傑作である。

『新約聖書』

イエスの言行を伝える使徒による福音書と、その手紙などから成るキリスト教の教典。内容は27の書から構成され、イエス・キリストの生涯と死と復活、および初代教会の発展についての信仰証言である。元はヘレニズム世界の共通語であるギリシャ語で書かれていたが、4世紀末にラテン語に訳された。16世紀の宗教改革期に印刷され、広く普及した。

19 "On Liberty," (essay) by John Stuart Mill

— The Struggle Between Authority and Liberty —

One of the important aims of American education is to ❶cultivate in students the ability to practice "critical thinking." This is the ability to think seriously about an idea or a subject without allowing personal opinion or emotions to ❷interfere. "On Liberty" is a fundamental essay regarding this process of promoting individuality and preventing ❸conformity. In the essay, Mill contends that social pressure should not be allowed to force people to behave in a certain way — unless a person's behavior actually harms other people.

Society should treat diverse opinions with respect.

"Liberty" is essential to progress and to the development of society. In some cases, a popular opinion may be wrong. An unpopular ❹nonconformist opinion may be correct. It is important to educate citizens to be able to accept a ❺challenge by a ❻dissenting opinion. This is the core principle of critical thinking: setting aside emotion and being willing to see things from various points of view.

Challenging other ideas can be a valuable contribution in two ways. First, it provides an opportunity for people with different ideas to express them. Second, it forces people with different opinions to reconsider their own ideas and to see issues from multiple viewpoints, not just their own ❼casual opinions.

The result is positive for the individuals, who gain deeper understanding by way of this "give and take." It is positive for society, because, by presenting ideas logically and giving serious consideration to opposing opinions, they become active members of the community, not just ❽bystanders.

---

❶ cultivate: ～を耕す、～を育成する　※ここ
での目的語は ability

❷ interfere: ～に干渉する、～の邪魔をする

❸ conformity: 服従、同調

❹ nonconformist: 慣習に従わない人（の）

❺ challenge: 異議申し立て　※次の段落冒頭は
動詞で「～に異議を唱える、～を疑問視する」

❻ dissenting: （意見が）異なる、反対の

❼ casual: 思い付きの、深い考えのない

❽ bystander: 傍観者、見物人

「自由論」（エッセー）
ジョン・スチュアート・ミル著
―権威と自由の闘い―

　アメリカの教育の重要な目的の一つは、"クリティカル・シンキング（批判的思考）"を実践する生徒の能力を養うことである。これは、個人的な意見や感情に左右されることなく、ある考えやテーマについて真剣に考える能力のことである。「自由論」は、個人としての在り方を促進し同調を防ぐ、このプロセスに関する基本的なエッセーだ。エッセーの中でミルは、他人に危害を与えることがない限り、社会的な圧力によって、人はあるやり方で振る舞うように強制されることは許されるべきではないと主張している。

　社会は多様な意見を尊重すべきである。

　「自由」は進歩と社会の発展に不可欠である。大衆が支持する意見が間違っている場合もある。社会規範に従わない人の不人気な意見が正しい場合もある。反対意見からの異議申し立てを受け入れることができるよう市民を教育することが重要である。これはクリティカル・シンキングの核となる原則――つまり、感情を脇に置き、さまざまな視点から物事を見ようとする姿勢である。

　他の考え方に異議を唱えることは、二つの意味で貴重な貢献となる。第一に、異なる考えを持つ人々にそれを表明する機会を提供する。第二に、異なる意見を持つ人々に、自分の考えを再考させ、自分がなんとなく抱いている意見だけでなく、多角的な視点から問題を捉えさせるようになる。

　これは個人にとって有益で、この"ギブ・アンド・テイク"によって、人はより深い理解を得ることができる。社会にとってもプラスである。なぜなら、アイデアを論理的に提示し、反対意見も真剣に検討することで、彼らは単なる傍観者ではなく、コミュニティーの中の積極的な一員となるからである。

"Liberty" at the level of government should take the form of ❾representative democracy. That is, the government should neither threaten individual liberty nor allow a small group of powerful people to dominate. If citizens are allowed to ❿voice their opinions, encouraged to pay serious attention to opposing opinions, then society can make progress.

Each individual has his or her own abilities that can benefit the community as a whole. Unless the individual is given the liberty to actively participate in the community, that individual's potential contribution is lost. Education should aim at enabling each individual to express ideas freely, to take opposing ideas seriously, and work as part of a community to make the world a better place.

The translation of Mill's essay and especially the keyword "liberty" in nineteenth-century Japan is a particularly ⓫revealing story. The translator searched for an ⓬equivalent in traditional Japanese and chose the term *jiyu*. The problem was the nuance of *jiyu* included ideas of selfishness and ⓭willfulness. Therefore, the Western concept of "liberty" did not translate well into Japanese. It did not have a natural fit with existing Japanese concepts, or with the social-political environment of Japan. While Japanese reformers intended to import ideas and practices from the West, the effect ended up as a kind of cultural hybrid.

---

❾ representative democracy: 代議制民主主義、代表民主主義 ※国民によって、国民の中から選出された代表者が国の政治を行うという仕組み、および思想

❿ voice: ～を言葉に表す

⓫ revealing: 啓発的な、参考になる、物事を明らかにするような

⓬ equivalent: 同等のもの、相当するもの

⓭ willfulness: わがまま、自分勝手

政府のレベルにおける「自由」は、代議制民主主義の形を取るべきである。つまり、政府は個人の自由を脅かしてはならないし、少数の権力者が支配することを許してもならない。もし市民が自分の意見を言うことを許され、反対意見に真剣に注意を払うよう奨励されるなら、社会は進歩することができる。

人間一人ひとりには、コミュニティー全体に利益をもたらすことができる能力がある。地域社会に積極的に参加する自由が個人に与えられなければ、その個人の潜在的な貢献は失われてしまう。教育は、各個人が自由に考えを表現し、反対意見を真剣に受け止め、世界をより良い場所にするために共同体の一部として活動できるようになることを目指すべきである。

ミルのエッセー、特に"liberty"というキーワードの19世紀の日本における翻訳の話は、とりわけ興味深い経緯がある。翻訳者は旧来の日本語でこれに相当するものを探し、「自由」という言葉を選んだ。問題だったのは、「自由」のニュアンスに利己主義やわがままという考え方が含まれていたことだ。したがって、"liberty"の西洋的概念は日本語にうまく翻訳されなかった。既存の日本の概念や、日本の社会的・政治的環境と自然に適合するものではなかったのだ。日本の改革者たちは西洋から思想や慣習を輸入するつもりだったが、結果として、一種の文化的ハイブリッドになってしまった。

NOTE

[原書の英語の難易度 ★★★★]

今日、左右どちらかに傾いた強い思想を持つアメリカ人の中には、「自由」を自分たちの所有物だと主張し、敵対する者が異なる考えを持つことを許さない者もいる。「自由」という考え方は、個人の「権利」という考え方と結びついている。これには、武器を所有する権利、選挙結果に異議を唱える権利、面識のない他人を傷つけるかもしれない意見をSNS上で表明する権利などが含まれる。これらは、ジョン・スチュアート・ミルが定義した「自由」の、非常に残念で、間違った解釈である。

「自由論」（エッセー）
ジョン・スチュアート・ミル著／1859年刊

個人の自由という概念は成文化されることなく、太古の昔から議論されてきた。イギリスの思想家ジョン・スチュアート・ミル（1806-'73）の代表的著作である本書の登場は、この論考に大きなインスピレーションを与えた。ここで取り上げられるのは自由意志ではなく、市民的・社会的自由であり、社会が個人に対して合法的に行使できる権力の性質と限界についてである。本書をおいて自由主義を語ることはできないと言われる不朽の古典。

20 Cat's Cradle, by Kurt Vonnegut

—A Fake Religion and the End of the World—

Combining science fiction, ❶satire and ❷morbid humor, this novel covers the concerns of American society in the 1960s and onward about the results of free will and humankind's relationship with technology.

Free will is dealt with in an artificial religion called Bokononism, created by a utopian who wants to make life endurable for the people of a small island in the Caribbean. Bokononism combines ❸irreverent, nihilistic and cynical observations about life and God's will, with an emphasis on coincidences and serendipity. Its value is in teaching people to accept and enjoy the ❹inevitability of whatever happens. The technology element takes the form of the development and ❺employment of a powerful substance called "ice-nine."

Ice-nine is ❻conceived by a scientist who is interested in how it is created but is totally unconcerned about whether it might be misused, yielding disastrous results. The connection between this substance and nuclear weapons is quite clear. The imminent threat of nuclear war in real life during the Cold War occurred in ❼the 1962 Cuban Missile Crisis, in which the Soviet Union and the United States confronted each other in the Caribbean, ❽bringing the world to the brink of ❾mutual assured destruction (MAD). A significant percentage of the novel, published in 1963, can be seen as an ❿allegory.

---

❶ satire: 風刺、皮肉

❷ morbid humor: ブラックユーモア

❸ irreverent: 不遜な、傲慢な

❹ inevitability: 必然（性）

❺ employment of 〜: 〜の使用、〜の行使

❻ conceive: 思いつく

❼ the 1962 Cuban Missile Crisis: キューバ危機 ※ソ連が弾道ミサイルをキューバに配備し始めたことで1962年10月、米ソ冷戦の対立が激化し、核戦争寸前まで危機が高まった13日間を指す

❽ bring 〜 to the brink of ...: 〜を…の寸前の状態にする

❾ mutual assured destruction (MAD): 相互確証破壊 ※「核攻撃を受けたら確実に報復を行う」とする態勢

❿ allegory: 寓話、たとえ話

『猫のゆりかご』
カート・ヴォネガット著
─架空の宗教と世界の終わり─

　SF、風刺、ブラックユーモアを組み合わせたこの小説は、1960年代とそれ以降のアメリカ社会の懸念であった、自由意志の結果や人類とテクノロジーとの関係について取り上げている。

　自由意志は、カリブ海に浮かぶ、小さな島の人々の生活を永続的なものにしようとする空想家によって作られた、ボコノン教と呼ばれる人工宗教の中で扱われる。ボコノン教は、人生と神の意志についての不遜で虚無的、シニカルな観察を混ぜ合わせたもので、偶然とセレンディピティを重視する。その価値は、何が起こってもその必然性を受け入れ、楽しむことを人々に教えることにある。テクノロジーの要素は、「アイス・ナイン」と呼ばれる、強力な物質の開発と使用という形を取る。

　アイス・ナインは、その生成には興味を持つが、それが悪用される可能性についてはまったく無関心な科学者によって考案され、悲惨な結果をもたらす。この物質と核兵器との関連は極めて明確である。冷戦時代に現実に起こった核戦争の差し迫った脅威とは、ソ連とアメリカがカリブ海で対峙し、世界を相互確証破壊（MAD）の瀬戸際に追い込んだ1962年のキューバ危機である。1963年に発表されたこの小説のかなりの部分は、この寓話として見ることができる。

The narrator of *Cat's Cradle* once planned to write a book titled "The Day the World Ended," describing the day the Americans dropped an atomic bomb on Hiroshima. Hoping to get some kind of inspiration, he wrote to one of the sons of a ⓫Nobel laureate ⓬physicist named Felix Hoenikker, who was a member of the team that created the bomb. The son replied that he was only a little boy at the time and that day he was playing with his toys while his father used a piece of string to ⓭play cat's cradle. This game, with its invisible cat, is an appropriate symbol for nonsense and the meaninglessness of life.

The narrator visits the town where the physicist lived during the war. At the research lab where the physicist worked, the narrator meets Hoenikker's former colleagues, who remember him as strange, ⓮reclusive and ⓯analytical. One of them mentions that a military officer once visited the lab and asked Hoenikker if he could produce a solution for how to deal with mud, a constant obstacle for soldiers on the move. Hoenikker put his scientific mind to work and ⓰theorized the existence of ice-nine, an ⓱isotope of water that would ⓲solidify immediately at room temperature. Drop even a little ice-nine in mud and the troops could move forward. Of course, a potential misuse of ice-nine could freeze all of the water on Earth — a threat worse than an atomic bomb.

Unknown to the narrator, Hoenikker had actually created ice-nine, without ⓳making it public. He showed the isotope to his children before he died. Each used ice-nine for different goals. One used it to obtain a job on the Caribbean island of San Lorenzo. By chance, the narrator visits the island to interview Julian Castle, a multimillionaire ⓴philanthropist living there.

⓫ Nobel laureate: ノーベル賞受賞者
⓬ physicist: 物理学者
⓭ play cat's cradle: あや取り遊びをする
⓮ reclusive: 引きこもりがちな、孤立した
⓯ analytical: 分析的

⓰ theorize: 〜を理論化する
⓱ isotope: アイソトープ、同位元素、同位体
⓲ solidify: 固まる、固体化する
⓳ make 〜 public: 〜を公表する、〜を発表する
⓴ philanthropist: 慈善家

　本書の語り手はかつて、アメリカが広島に原爆を投下した日を描いた『世界が終末をむかえた日』というタイトルの本を書こうと計画していた。何かしらのインスピレーションを得ようと、彼は、原爆を作ったチームの一員だったフィーリクス・ハニカーというノーベル賞を受賞している物理学者の息子に手紙を書いた。その息子は、自分は当時幼い子どもで、その日おもちゃで遊んでいると、父が1本のひもで「猫のゆりかご」（あや取り）遊びをしたという返事をよこす。見えない猫が登場するこの遊びは、人生のナンセンスと無意味さの象徴としてふさわしい。

　語り手は戦時中にその物理学者が住んでいた町を訪れる。その物理学者が働いていた研究所で、語り手はある人物に出会うが、彼らはハニカーを奇妙で、引っ込み思案で、分析的だったと記憶している。そのうちの一人は、かつて軍の将校が研究所を訪れ、移動する兵士にとって常に障害となる泥に対処する解決策を生み出せないかとハニカーに尋ねたと言う。ハニカーは科学的頭脳を働かせ、常温ですぐに固まるアイス・ナインという水の同位体の存在を理論化した。泥の中にアイス・ナインをわずかでも落とせば、部隊は前進することができる。もちろん、アイス・ナインを誤用すれば、地球上のすべての水を凍らせてしまう可能性があり、核兵器以上の脅威となる。

　語り手は知らなかったが、ハニカーは公表はしていなかったものの実際にアイス・ナインを作っていた。彼は死ぬ前に子どもたちに同位体を見せていた。そして、それぞれが異なる目的でアイス・ナインを使用した。一人はカリブ海のサン・ロレンゾ島で仕事を得るためにアイス・ナインを使った。ひょんなことから、語り手は島に住む大金持ちの慈善家ジュリアン・キャッスルに面会するために島を訪れる。

カート・ヴォネガットは『猫のゆりかご』で、シカゴ大学から、それまで却下され続けた人類学の修士号を与えられた。
写真：AP／アフロ

Arriving on San Lorenzo, the narrator discovers that all of the residents are believers in the [21] aforementioned religion called Bokononism. The island has no resources and there is no chance of improving the standard of living, so the religion's founder, Bokonon, created a religion based on happy lies.

At Bokonon's request, the government makes the practice of Bokononism illegal and [22] punishable by death, a strategy that ironically attracts new believers. By [23] outlawing the religion, it becomes exciting to everyone on the [24] impoverished island, giving them a sense of meaning in their lives. Bokononist rituals are equally strange. The supreme religious act, for example, consists of any two worshippers rubbing the bare soles of their feet together to inspire spiritual connection.

Through a complicated series of events, the leader of the island, who is a dictator, a [25] staunch ally of the United States and a strong opponent of communism, dies. It becomes apparent that his death was caused by swallowing ice-nine. The leader's body ends up in the sea, and all of the water of the world becomes ice-nine in seconds.

Vonnegut's novel is both entertaining and serious. The satire in *Cat's Cradle* that applied to the events of World War II and the Cuban Missile Crisis remain [26] applicable today. Technology is developed without serious consideration for its misuse. People adopt religious beliefs that are [27] irrational [28] at best and may even be dangerous. And the world faces the [29] equivalent of an ice-nine moment in climate change and damage to the environment as a whole.

---

[21] aforementioned: 前述の
[22] punishable: 罰すべき
[23] outlaw: 〜を追放する、〜を不法とする、〜を法的に禁止する
[24] impoverished: 貧しい

[25] staunch ally: 信頼できる協力者・支持者
[26] applicable: 当てはまる、該当する
[27] irrational: 不合理な
[28] at best: よくても、せいぜい
[29] equivalent of 〜: 〜と同等の

サン・ロレンゾ島に到着した語り手は、住民全員が前述のボコノン教という宗教の信者であることを知る。この島には資源がなく、生活水準を向上させる見込みがないため、教祖ボコノンは幸せな嘘に基づいた宗教を作り上げたのだ。

ボコノンの要請で、政府はボコノン教の実践を違法とし、死刑に処すとしたが、この策略は皮肉にも新しい信者を呼び込むことになる。ボコノン教を非合法化することで貧しい島の人々にとって刺激的なものとなり、人生に意味を与えることになる。ボコノン教徒の儀式もやはり奇妙だ。例えば、最高の宗教的行為は、2人の信者たちがはだしの足の裏をこすり合わせることで、精神的なつながりを鼓舞するというものだ。

一連の複雑に絡み合った出来事を経て、独裁者であり、米国の忠実な協力者であり、共産主義の強力な反対者である、島の指導者が死ぬ。彼の死はアイス・ナインを飲み込んだことが原因であると明らかになる。指導者の遺体は海に流れてしまい、世界中の水は数秒のうちにアイス・ナインとなる。

ヴォネガットの小説は娯楽的であると同時にシリアスである。第二次世界大戦やキューバ危機に当てはまる『猫のゆりかご』の風刺は、今日でも通用する。テクノロジーは、その誤用を真剣に考慮することなく開発される。人々は、よくても非合理的で、危険でさえある宗教的信条を受け入れる。そして世界は、気候変動と環境全体への被害という、アイス・ナインの瞬間に匹敵する事態に直面している。

NOTE

[原書の英語の難易度　★★☆☆]

ヴォネガットの作品は伝染性が強い。『猫のゆりかご』の次は、『スローターハウス5』を読みたくなるだろう。これも、第二次世界大戦の著者自身の経験に基づいた話だ。捕虜となった主人公はドレスデンの屠殺場に収容され、その間に味方の爆撃機が美しい街を破壊していく。ベトナム戦争反対派は、アメリカのために戦う、勇ましくも大胆な兵役の滑稽な側面を伝える、こうした作品に魅了された。

『猫のゆりかご』
カート・ヴォネガット著／1963年刊

アメリカの作家カート・ヴォネガット（1922-2007）のSF小説。この小説の二つのテーマは、「あなたを勇敢で親切で健康で幸福にする」という嘘の宗教、ボコノン教。もう一つは、接触したすべての液体を凍らせ続ける「アイス・ナイン」という物質である。ジョーナ（旧約聖書のヨナ）と名乗るジャーナリストを語り手とし、合理性と非合理性という相反する力に立ち向かう。科学や宗教、国家などを独特のユーモアを交えながら風刺している。

21 The Varieties of Religious Experience, by William James

—A Scientific Approach to the Study of Religion—

It would be a mistake to assume that religious belief is limited to Christianity, Judaism, Buddhism or Hinduism. Spirituality is not limited to formal organizations, and it is not necessary for a believer to connect with any religion at all. This is the message of psychologist and philosopher William James, who describes individual religious feelings, acts, experiences and ❶mysticism in cultures throughout the world.

His scientific approach to the study of religion avoids religious organizations, ❷theology, ceremony and ❸sacrifice. It avoids belief in "sin," "Heaven and Hell" and ❹rituals. Instead, he focuses on different kinds of religious attitudes. A healthy-minded religion focuses on life's goodness; an unhealthy-minded religion focuses on a radical sense of evil in the world. Among the former, he specifically includes the essayist Ralph Waldo Emerson and ❺Walt Whitman, who saw "evil" as an illusion.

James examines mysticism and the mystical experience. Such intense experiences cannot be explained and must be directly experienced if they are to be understood. These experiences occur under different conditions. They are very complex and may change a person's life completely. Those individuals who have such an experience report that they have undergone a profound change as a result.

Religion is basically ❻beneficial to humankind, James ❼contends, but that does not mean that religions establish truth. Beliefs that are not based on reason — such as whether God exists or whether there is an afterlife — can be held by educated people ❽nonetheless. Religious emotions are ❾crucial for human life.

---

❶ mysticism: 神秘主義
❷ theology: 神学
❸ sacrifice: いけにえ
❹ ritual: 儀式
❺ Walt Whitman: ウォルト・ホイットマン（1819-'92）　※アメリカの詩人・随筆家。自由詩の形式を用いた『草の葉』が有名。特定の宗教が他の宗教より重要という考えを否定し、すべての宗教を平等に扱った
❻ beneficial: 有益な
❼ contend: 主張する
❽ nonetheless: それでもなお
❾ crucial: 重要な、肝要な

『宗教的経験の諸相』
ウィリアム・ジェイムズ著
―宗教学への科学的アプローチ―

宗教的信仰がキリスト教、ユダヤ教、仏教、ヒンズー教に限定されると考えるのは間違いだ。宗教的なことは正式な宗教団体に限定されるものではないし、信者がいずれかの宗教とつながる必要はまったくない。これは心理学者であり哲学者でもあるウィリアム・ジェイムズのメッセージであり、彼は世界中の文化における個人の宗教的感情、行為、経験、そして神秘主義について述べている。

宗教研究に対する彼の科学的アプローチは、宗教組織、神学、祭式、いけにえといったものを避けている。「罪」、「天国と地獄」、そして儀式の信仰も避けている。その代わりに、彼はさまざまな種類の宗教的態度に注目している。健全な宗教は人生の善を、不健全な宗教はこの世の悪に対する過激な感覚を重視する。前者のうち、特に随筆家のラルフ・ウォルドー・エマソンと、「悪」を幻想と見なしたウォルト・ホイットマンに注目している。

ジェイムズは神秘主義と神秘体験を検証する。このような強烈な体験は説明することができず、理解するためには直接体験しなければならない。そして、こうした体験はさまざまな条件下で起こる。それは非常に複雑で、当人の人生を完全に変えてしまうかもしれない。体験者は、その結果、深い変化を遂げたと報告している。

宗教は基本的に人類にとって有益である、とジェイムズは主張するが、しかしこれは宗教が真実を立証するという意味ではない。理性に基づかない信仰――神が存在するのか、死後の世界はあるかないか、といったこと――は教養人ですら持つことがある。宗教的感情は人間が生きていく上で重要なものなのだ。

NOTE

[原書の英語の難易度 ★★★★]

宗教について考えるとき、私たちは世界の主要な宗教、あるいは特定のマイナーなカルト宗教を思い浮かべがちである。しかしジェイムズは本書で、宗教が人の行動にどのような影響を与えるのか、宗教が何を提供できるのか、そして人々が特定の宗教を信じるか信じないかを選択するのはなぜなのか、といった個人レベルでの宗教を考察し、視野を広げてくれる。

『宗教的経験の諸相』
ウィリアム・ジェイムズ著／
1902年刊

英米学界で最高栄誉とされる「ギフォード学術講義」において、1901年度のウィリアム・ジェイムズ（1842-1910）の宗教的信仰にまつわる心理学の講義を書籍化したもの。「宗教とは個々の人々が孤独の中で感じ、行い、経験するもの」とし、教会ではなく日常生活の中の宗教を考察した。本書は心理学の最も重要なテキストとしてだけでなく、20世紀のノンフィクションの最高峰の一つでもある。

22 Self-Help, by Samuel Smiles
"Self-Reliance" (essay)
by Ralph Waldo Emerson
— Heaven Helps Those Who Help Themselves —

Americans may not have read *Self-Help* by the Scottish journalist Samuel Smiles, but they have certainly been influenced by his ideas during their ❶schooling. And it should come as no surprise to know that it was a colleague of Fukuzawa Yukichi's, ❷Nakamura Masanao, who translated this widely read foreign book into Japanese.

Smiles proposes that knowledge is one of the greatest rewards that a human can enjoy. Although we tend to think knowledge is "received" through education, Smiles points out that it is not simply "provided" by a teacher. A true student has the duty to "actively educate himself." This was an important lesson for Americans — following the model of Abraham Lincoln — and also for Japanese like Fukuzawa. The founder of Toyota, inventor and industrialist ❸Toyoda Sakichi, was also significantly influenced by Smiles' book.

Self-Help points out that people who are poor and at the bottom of the social ladder are capable of improving themselves by "hard work" and "❹perseverance." The book was self-published by Smiles, and it became an unexpected success for people in education and business. It introduced the idea that the hard-working "deserving" poor should have a fair chance and equal opportunities. These were the people who were ❺diligent, self-cultured, ❻self-disciplined and self-controlled. They were honest and performed their duties to the best of their ability. Being wealthy, powerful and a member of the social elite were not the only paths to success and honor.

---

❶schooling: 学校教育

❷Nakamura Masanao: 中村正直（1832-'91）※慶応2年（1866）、幕府遣英留学生の監督として渡英。のちに『西国立志編 (*Self-Help*)』『自由之理 (*On Liberty*)』を翻訳刊行、ベストセラーとなる

❸Toyoda Sakichi: 豊田佐吉（1867-1930）

※日本の発明家、実業家。豊田紡織（現トヨタ紡織）、上海市の豊田紡織廠、豊田自動織機製作所（現豊田自動織機）を創業。トヨタグループの創始者

❹perseverance: 忍耐

❺diligent: 勤勉な

❻self-disciplined: 自制力のある

『自助論』サミュエル・スマイルズ著
「自己信頼」（評論）
ラルフ・ウォルドー・エマソン著
―天は自ら助くる者を助く―

　アメリカ人はスコットランドのジャーナリスト、サミュエル・スマイルズの『自助論』を読んだことはないかもしれないが、間違いなく学校教育の中で、彼の思想に影響を受けている。そして、福沢諭吉の同志であった中村正直が、広く読まれているこの洋書を日本語に翻訳したことを知って、驚くことはないだろう。

　スマイルズは、知識は人間が享受できる、最大の喜びの一つであると提唱している。知識は教育を通じて「受け取る」ものだと思われがちだが、スマイルズは、知識は単に教師から「与えられる」ものではないと指摘する。真の学び手には、「自分自身を積極的に教育する」義務がある。これはエーブラハム・リンカーンを手本とするアメリカ人にとっても、福沢（諭吉）のような日本人にとっても重要な教訓であった。トヨタの創始者である発明家で実業家の豊田佐吉も、スマイルズの本に大きな影響を受けた。

　『自助論』は、貧しくて社会階層の底辺にいる人間も、「努力」と「忍耐」によって自分を向上させることができると指摘する。この本はスマイルズによって自費出版され、教育界やビジネス界で予想外の成功を収めた。この本は、勤勉で「それに値する」貧しい人々にも公平なチャンスと平等な機会が与えられるべきだという考え方を紹介した。勤勉で、自ら学び、自分を律し、自制心のある人々である。正直で、自分の職務を最大限に果たす人々だ。裕福であること、権力があること、社会的にエリートであることだけが、成功や名誉への道ではないのだ。

NOTE

［ 原書の英語の難易度　★★★☆ ］

　私がスマイルズに引かれたのは、それが明治時代に邦訳されていたことを知ったからだ。またエマソンの評論は大学時代に出会い、折に触れて読み返してきた。誰かに「教わる」ことに依存するのではなく、「自ら学ぶ」ことを続けるべきだということに気づかせてくれる、良い評論だ。そして、これは生涯にわたって続けていかなければならないことなのだ。教育とは学校の卒業とともに終わるものではない。

The book argues that both economically and morally a person should rely on himself or herself, not depend on others. It also argues that government should not ❼intervene in the development of the individual and society should not give advantages to anyone ❽on the basis of class or economic status. That is, everyone should be given equal opportunity for self-education and self-help.

In connection with the emphasis on individual effort, we are reminded of the widely read Ralph Waldo Emerson essay "Self-Reliance." Emerson ❾advocates individual effort in a slightly different way. He encourages readers to trust their own intuition and experience rather than blindly ❿conforming to the will of other people. Like Smiles, Emerson encourages people to pursue innovation and originality, rather than simply conform with other people's ways of doing things. He believes it is these individual contributions that lead to a productive, more efficient society.

Emerson writes, "Insist on yourself; never imitate." If a person merely ⓫accumulates from other people, that person only ⓬adopts another person's talents and has none of his own. The person learns only what his master can teach him. "Where is the master who could have taught Shakespeare? Where is the master who could have instructed Franklin, or Washington, or Bacon, or Newton? Every great man is unique." Each of these famous innovators developed their own ideas. They were not recognized for copying ideas from the past. They became known for educating themselves, not conforming, not following. What they accomplished was based on self-discipline, self-help and self-reliance.

---

❼ intervene in ～: ～に干渉する

❽ on the basis of ～: ～に基づいて

❾ advocate: ～を主張する、～を提唱する

❿ conform to ～: ～に合わせる、～に従う ※

2行下のconform with ～は「～に合わせる、～に追従する」

⓫ accumulate: 蓄積する

⓬ adopt: ～を採用する、～を導入する

　本書は、経済的にも道徳的にも、人は他者に依存せず、自分自身に頼るべきだと主張する。また、政府は個人の成長に干渉すべきではなく、社会は階級や経済的地位によって誰をも優遇すべきではないと主張する。つまり、誰もが平等に自己教育や自助努力の機会を与えられるべきなのだ。

　個人の努力の強調と言えば、忘れてはならないのは、広く読まれているラルフ・ウォルドー・エマソンの評論「自己信頼」を思い出す。エマソンは少し異なる角度から個人の努力を提唱している。彼は読者に対して、むやみに他人の意思に従うのではなく、自分の直感と経験を信頼するよう勧めている。スマイルズと同じように、エマソンも、他人のやり方にただ合わせるのではなく、革新性と独創性を追求することを奨励している。こうした個人の貢献こそが、生産的でより効率的な社会につながると考える。

　エマソンは「自分自身を追求せよ、決してまねをするな」と書いている。もし人がただ他人から得たものを蓄えるだけなら、その人は他人の才能を取り入れるだけで、自分の才能は何も持っていないことになる。その人が学ぶのは、師匠が教えられることだけだ。「シェークスピアに教えることのできた師匠がどこにいる？　フランクリンやワシントンやベーコンやニュートンを指導することのできた師などいるだろうか？　すべての偉人は唯一無二なのだ」と。これらの有名な革新者たちは、それぞれ独自のアイデアを展開した。彼らは過去のアイデアをコピーしたことで認められたわけではない。彼らは順応せず、追随せず、自ら学んだことで知られるようになった。彼らが成し遂げたことの土台には、自らを律することと、自助努力、そして自己信頼がある。

『自助論』
サミュエル・スマイルズ著／1859年刊

スコットランドで医師として働いていたスマイルズ（1812-1904）が300人以上の欧米人の成功談を集めた作品。序文の「天は自ら助くる者を助く」という言葉は有名。中村正直が翻訳し、『西国立志編』として1871（明治4）年に日本で発売され、100万部以上を売り上げた。

「自己信頼」（評論）
ラルフ・ウォルドー・エマソン著／
1841年刊

真理は自分の内にあり、付和雷同せず、常に自己をよりどころとして主体的に生きるべきである──という、エマソン（1803-'82）の主張が凝縮された評論。オバマ元米大統領の座右の書としても有名。

Chapter

5

人生の教訓

23 *A Christmas Carol,* by Charles Dickens
—A Miserable Old Man Finds Redemption and Joy—

A ❶miserly, ❷exploitive elderly business owner, Ebenezer Scrooge, focuses solely on ❸hoarding wealth and his own advantages. They are the only things he believes to be important. On a ❹bitterly cold Christmas Eve, his poor clerk, Bob Cratchit, endures the cold in his small office because Scrooge sees spending money on coal to heat the stove to be a waste of money. Scrooge has no concern for anyone else's comfort or health, including his overworked, ❺underpaid clerk.

Scrooge receives visits from his nephew, who invites him to his Christmas dinner, and two gentlemen who ask Scrooge for a contribution to their charity, which provides ❻firewood and food for the poor. Scrooge responds to these three with bitter comments, and when wished "Merry Christmas!" he responds with an angry "Bah! ❼Humbug!" showing he has no interest in what he sees as a nonsense event, a waste of time and money.

When Scrooge returns to his cold apartment, he is visited by the ghost of his dead business partner, Jacob Marley. This ghost explains how he has been forced to wander the spirit world ❽bearing heavy chains because of his ❾greed and selfishness during his lifetime. Hoping that Scrooge will not face the same fate, Marley's ghost explains that three spirits will visit Scrooge. Scrooge then falls asleep.

---

❶ miserly: けちな、欲深い
❷ exploitive: 搾取するような
❸ hoard: ～を蓄える
❹ bitterly: 激しく、とても
❺ underpaid: 薄給の

❻ firewood: 薪
❼ humbug: たわ言、ばかげたこと
❽ bear: ～に耐える、～を背負う
❾ greed: 貪欲さ

『クリスマス・キャロル』
チャールズ・ディケンズ著
―贖罪と喜びを見いだした不幸な男―

　欲深くて搾取的な老経営者エベニーザ・スクルージは、富をため込むことと自分が得をすることにしか興味がない。彼が大切だと信じているのは、それだけなのだ。スクルージはストーブを燃やすための石炭にお金をかけることはお金の無駄だと見ているので、厳しい寒さのクリスマスイブ、彼の貧しい事務員ボブ・クラチットは、小さなオフィスで寒さに耐える。スクルージは、自分の雇う、働き過ぎで薄給の事務員も含め、他人の快適さや健康にはまったく関心がない。

　スクルージの元に、彼をクリスマス・ディナーに招待しに来た甥と、貧しい人々に薪と食料を提供する慈善事業への寄付を求める2人の紳士が訪れる。スクルージはこの3人に辛辣な言葉を返し、「メリー・クリスマス！」と祝われると「ふん！　くだらない！」と怒って答え、意味のないイベントで、時間とお金の無駄だと思っているクリスマスに、まったく興味がないことを示す。

　スクルージが寒いアパートに戻ると、今は亡き共同経営者、ジェイコブ・マーリーの幽霊が訪ねてくる。この亡霊は、自分が生前の強欲と利己主義のせいで、重い鎖につながれて霊界をさまようことを強いられていると説明する。スクルージが同じ運命に遭わないことを願い、マーリーの亡霊は3人の霊がスクルージを訪れると説明する。そしてスクルージは眠りに就く。

出版初期の『クリスマス・キャロル』のイラスト。マーリーの幽霊がスクルージを訪ねて来る。
写真：Heritage Image／アフロ

Marley's Ghost.

When the Ghost of Christmas Past awakens him, Scrooge is taken into the past to ❿revisit certain events, including his ⓫engagement to a woman who decided not to marry him because his love of money was stronger than his ability to love another. Seeing this, Scrooge deeply regrets his past and then falls asleep again.

The Ghost of Christmas Present awakens him and takes him through London to show Christmas as it will happen that year. Scrooge sees the poor but happy Cratchit family prepare a small Christmas dinner in their ⓬meager home. Scrooge is moved by Cratchit's ⓭crippled son, Tiny Tim, a kind and ⓮humble boy with great courage. The ghost then shows him the delightful gathering at his nephew's home, followed by a vision of two starving children in poverty, named Ignorance and Want.

Finally, the Ghost of Christmas Yet to Come shows the events following an unnamed man's death. Some people are relieved he has died, and some discuss the riches he has left behind. Scrooge is then guided to the dead man's grave, ⓯only to find that the name on the grave is his own. Scrooge begs the ghost to change his fate, and he promises to change his ⓰avaricious ways and to celebrate the true spirit of Christmas. Suddenly, Scrooge is back at home in bed.

Grateful for the chance to change himself and grateful that he has been returned to Christmas Day, Scrooge ⓱energetically seeks ways to share his new Christmas spirit. He sends a delicious turkey to Cratchit's humble family and gratefully attends his nephew's party.

---

❿ revisit: 〜を再訪する

⓫ engagement: 婚約

⓬ meager: 粗末な、貧弱な

⓭ crippled: 手足の不自由な

⓮ humble: 謙虚な

⓯ only to find that ...: 〜したばかりのところで…と気づく

⓰ avaricious: (金銭について) 強欲な

⓱ energetically: 熱心に、精力的に

　過去のクリスマスの霊が彼を目覚めさせると、スクルージは過去へと連れ戻され、いくつかの出来事を回想する。その中には、彼の金銭への愛が他者を愛する能力よりも強いので彼と結婚しないと決めた女性との婚約もあった。それを見たスクルージは自分の過去を深く後悔し、再び眠りに落ちる。

　現在のクリスマスの霊が彼を目覚めさせ、その年のクリスマスを見せるためにロンドンを連れ回す。スクルージは、貧しいながらも幸せそうなクラチット一家が、粗末な家でささやかなクリスマス・ディナーの準備をしているのを見る。スクルージは、クラチットの足の不自由な息子、優しく謙虚で勇気ある少年、タイニー・ティムに心を動かされる。続いて幽霊は、甥の家での楽しい集まりの様子と、「無知」と「欠乏」と名付けられた、貧困にあえぐ、飢えた2人の子どもの幻影を見せる。

　最後に未来のクリスマスの霊は、名前の分からない男の、死後の出来事を描いている。彼の死に安堵する人々、彼が残した富について語る人々。やがてスクルージは死んだ男の墓に案内されるが、そこで初めて墓に書かれているのが自分の名前だと気づく。スクルージは自分の運命を変えてくれるよう霊に懇願し、自分の貪欲なやり方を改め、クリスマスの真の精神を祝福することを約束する。次の瞬間、スクルージは自宅のベッドの上にいた。

　スクルージは、自分を変えるチャンスに感謝し、クリスマスの日に戻って来たことに感謝しながら、彼の新しいクリスマスの精神を分かち合う方法を精力的に探す。クラチットの質素な家族においしい七面鳥を贈り、甥のパーティーにもありがたく出席する。

NOTE

［原書の英語の難易度　★★☆☆］

ディケンズの本格的な読者にとって、おそらく彼の最高傑作は『デイヴィッド・コパフィールド』と『大いなる遺産』だろう。教養のあるアメリカ人なら、少なくともこのうちの一つは読んだことがあるに違いない。しかし、『クリスマス・キャロル』は、これらを読んだことのない人々にも広く知られている。それが、この作品を本書で取り上げた理由である。

In the years that follow, Scrooge examines himself and actively participates in the shared life of community. He recognizes the causes of Want and Ignorance and donates to charities that help the poor. He treats Tiny Tim as his own son and treats the people he meets with kindness and ⓲generosity. Scrooge's newly discovered compassion is extended to people in need. He discovers the joy of helping others and of being ⓳merciful and ⓴benevolent.

We also learn why Scrooge became such an ㉑intolerable man. He led a lonely life at ㉒boarding school as a boy, and as a young man, he lost the chance for a loving home life with his fiancée by choosing the security of wealth. He tried to control what he could not control as a child — security — by controlling ㉓material goods. This decision cost him pain and loneliness in adulthood.

Scrooge now sees the world from a different perspective. His ㉔epiphany changes his attitude toward wealth. The characters of Want and Ignorance, he realizes, are the enemies of the human spirit. Rather than letting his wealth pile up, he uses it generously to help others. Others benefit from his change of heart, but so does Scrooge, who ㉕is restored to a life of friendship, community and service to others.

⓲ generosity: 気前のよさ、寛大さ　※下から3行目のgenerouslyは副詞形で「気前よく、惜しみなく」の意味

⓳ merciful: 慈悲深い、情け深い

⓴ benevolent: 慈悲深い、善意のある

㉑ intolerable: 耐えがたい、不愉快な

㉒ boarding school: 全寮制学校

㉓ material goods: 物、有形財

㉔ epiphany: 啓示、悟り

㉕ be restored to 〜: 〜（元の状態）に戻る

　それから何年もの間、スクルージは自分自身を見つめ直し、地域の社会の共同生活に積極的に参加する。彼は「欠乏」と「無知」の原因を認識し、貧しい人々を助ける慈善団体に寄付をする。彼はタイニー・ティムを自分の息子のように扱い、出会った人々に親切かつ寛大に接する。スクルージが新たに発見した思いやりは、困っている人々にまで向けられる。彼は他人を助け、慈悲深く、博愛的であることの喜びを知る。

　また読者は、スクルージがなぜこのような不愉快な男になったのかも知る。少年時代には寄宿学校で孤独な生活を送り、青年時代には富の安定を選んで婚約者と愛情に満ちた家庭生活を築くチャンスを失った。彼は、形あるものをコントロールすることによって、子どもの頃にコントロールできなかったもの、つまり安心をコントロールしようとしたのだ。この決断が、大人になってから彼に苦しみと孤独をもたらした。

　スクルージは今、世界を別の視点から見ている。彼の受けた啓示は、富に対する彼の態度を変える。「欠乏」と「無知」の性質が、人間の精神の敵であることに彼は気づく。富を積み上げるのではなく、他者を助けるために惜しみなく使う。彼の心の変化に他者も助けられたが、友情、共同体、他者への奉仕の生活を取り戻したスクルージもしかりである。

『**クリスマス・キャロル**』
チャールズ・ディケンズ著／1843年刊

英国のヴィクトリア朝時代を代表する文豪チャールズ・ディケンズ（1812-'70）の名を全世界に知らしめた中編小説。クリスマス・ストーリーの中でも最も有名な作品の一つ。守銭奴で、周りからも忌み嫌われていた主人公のスクルージがクリスマスイブに3人の霊に出会い、過去・現在・未来に旅をした結果、改心する。

24 📖 To Kill a Mockingbird, by Harper Lee

—Awakening to Racism and Prejudice—

The title comes from a comment made by Atticus Finch, a lawyer in the sleepy, ❶impoverished town of Maycomb, Alabama, during ❷the Great Depression era of the 1930s. He comments that it is a sin to kill a ❸mockingbird because all a mockingbird does is ❹sing its heart out for people to enjoy.

The young narrator, Scout Finch, is Atticus's daughter. She initially enjoys her various encounters in the neighborhood, and, to her, Maycomb is the ideal place to be a child. Her universe is quite small, but as she ❺grows out of her innocence and becomes more aware of the people around her, she learns the importance of empathy. Everyone faces different problems. Each person has to take that into account before making a judgment about others or criticizing them. Social inequality, skin color and mental issues are among those problems.

She also discovers two kinds of prejudice that change her views of Maycomb.

The first is a personal prejudice, involving a mysterious person next door who never comes outside. She doesn't know whether he has a physical or mental disability. But she and her brother, Jem, convince each other that he is a frightening, ghostlike creature. His name is Arthur Radley, but they refer to him as Boo. He is a ❻figure of local gossip.

The second kind of prejudice is the deeply ❼rooted racist views that white residents hold regarding Black people. Her father, Atticus, representing justice and morality, ❽takes on the role of defense lawyer for Tom Robinson, who is clearly innocent of the charge of ❾assaulting a white woman named Mayella Ewell. Given the ❿entrenched racism of the town, merely defending a Black man in court ⓫puts Atticus in a bad light.

---

❶ impoverished: 困窮した

❷ the Great Depression: 世界恐慌、大恐慌
※ p. 48 参照

❸ mockingbird: マネシツグミ　※スズメ目の鳥

❹ sing one's heart out: 心を込めて歌う

❺ grow out of ~: 成長して~がなくなる

❻ figure: 人物、有名人物

❼ rooted: 根深い、根強い

❽ take on ~: ~を引き受ける

❾ assault: ~に暴行を加える

❿ entrenched: 強固な、根強い

⓫ put ~ in a bad light: （人）の立場［状況］を悪くする、（人）を不利な立場［状況］に置く

『アラバマ物語』
ハーパー・リー著
―人種差別と偏見への目覚め―

タイトルは、1930年代の大恐慌時代に、アラバマ州メイコムの眠ったような貧しい町で弁護士をしていたアティカス・フィンチの言葉に由来する。フィンチは、マネシツグミは人々を喜ばせようと心を込めて大声で歌っているだけなのだから、そのマネシツグミを殺すことは罪だと言う。

若い語り手であるスカウト・フィンチは、アティカスの娘である。彼女は、最初は近所でのさまざまな出会いを楽しみ、彼女にとってメイコムは、子どもとして過ごすには理想的な場所だ。彼女の世界はとても狭いが、成長して無邪気さをなくし、周囲の人々をより意識するようになるにつれ、彼女は共感の大切さを学んでいく。誰しもそれぞれの問題に直面している。他人について判断したり批判したりする前に、一人ひとりがそれを考慮しなければならない。社会的不平等、肌の色、精神的な問題もそこに含まれる。

彼女はまた、二つの偏見に気づき、メイコムへの見方が変わる。

一つは個人への偏見で、決して外出しない謎めいた隣人が関係している。彼女には、彼が身体あるいは精神の障害を持っているのかどうかは分からない。しかし彼女と兄のジェムは、その人が幽霊のような恐ろしい生き物であると言い合う。彼の名前はアーサー・ラドリーだが、彼らはブーと呼んでいる。彼は地元のうわさ話の的である。

第二の偏見とは、白人住民が黒人に対して持っている、根強い人種差別的な見方である。父親アティカスは正義と道徳を代表し、トム・ロビンソンの弁護人を引き受ける。メイエラ・ユーウェルという白人女性を暴行した疑いをかけられた彼は、明らかに潔白だ。町の根強い人種差別を踏まえると、法廷で黒人を弁護するだけでもアティカスの立場は悪くなる。

The white community in Maycomb is [12]outraged and plans to [13]lynch Tom before the trial, but Atticus spends the night at the entrance to the jail where Tom is in prison, placing himself at personal risk to save Tom's life. Scout unintentionally helps interrupt the attempted lynching by [14]inadvertently reminding the [15]mob of their own children. Although she is central to this event, she does not fully understand its [16]ramifications. This combination of [17]naivete and [18]attentive [19]witnessing characterizes Scout's narration throughout the story.

In contrast with Atticus, the Ewell family is a mean, antisocial [20]clan who depends on government [21]handouts to survive. The father, Bob Ewell, represents the violent and racist past of the South. He is [22]pitted against Atticus throughout the trial. Ewell represents the darker aspects of humanity as well as the social inequality within the white community.

By the end of the novel, Scout has become able to understand the racism of the town and to imagine what life is like for Boo, whom she recognizes as a kind human being. It appears that she will follow her father's view that [23]practicing sympathy and understanding will help her continue to believe in the basic goodness of most people.

---

[12]outraged: 激怒した、憤慨した
[13]lynch: 〜（私刑として集団で）を殺す
[14]inadvertently: うかつに、偶然に
[15]mob: 暴徒
[16]ramification: 結果
[17]naivete: 純真さ
[18]attentive: 注意深い、思いやりのある
[19]witnessing: 証言
[20]clan: 一族
[21]handout: （政府からの）補助金
[22]be pitted against 〜: 〜と対抗する、〜と競う
[23]practice: 〜を実践する

　メイコムの白人社会は激怒し、裁判の前にトムをリンチにかけようと画策するが、アティカスはトムの命を救うために自らの身を危険にさらし、トムが収監されている刑務所の入り口で一夜を明かす。スカウトは図らずも暴徒らに自分たちの子どものことを思い出させ、そうと知らずにリンチの試みを阻止する手助けをする。彼女はこの出来事の中心人物ではあるが、その影響を完全に理解しているわけではない。この純真さと注意深い証言の組み合わせが、物語全体を通してスカウトの語りを特徴づけている。

　アティカスとは対照的に、ユーウェル一家は意地悪で反社会的な一族であり、生き延びるために政府の補助金に頼っている。父親のボブ・ユーウェルは、南部の暴力的で人種差別的な過去を象徴している。彼は裁判を通じてアティカスと対立する。ユーウェルは、白人社会内の社会的不平等と、人間の暗い側面を象徴している。

　小説の終わりには、スカウトは町の人種差別を理解し、彼女自身は親切な人間だと知るに至ったブーにとって、人生がどのようなものかを想像できるようになっている。同情と理解を実践すれば、多くの人の根本にある善良さを信じ続けられるという父親の考えを、彼女は継承することになるようだ。

NOTE

[原書の英語の難易度　★★☆☆]

この物語は、人種的偏見や人種隔離の不道徳性について、またアティカス・フィンチのような、白人の勇敢さについて教えるために、長い間、アメリカの学校で読まれてきた。しかし最近では、この物語が白人の英雄に焦点を当てていることから、今までの作品評価に対して異議が唱えられている。

『アラバマ物語』
ハーパー・リー著／1960年刊

アメリカ南部のアラバマ州で起きた、黒人の白人女性への暴行容疑に対する裁判において、白人陪審員の偏見と人種差別を描く。著者のリー（1926-2016）も同じくアラバマ州出身である。1950年代後半〜'60年代にわたる公民権運動の中で、最もよく読まれた本の一冊である。刊行翌年の1961年にピュリッツァー賞を受賞し、'62年にグレゴリー・ペック主演で映画が制作された。人種差別用語が出てくることから禁止図書に指定するところも多く、論争を招く作品でもある。

25 Catch-22, by Joseph Heller
—Just Trying to Survive—

This ❶satirical novel published in 1961 by Joseph Heller focuses on a World War II American ❷bombardier named John Yossarian. The antihero Yossarian is ❸disillusioned and sees the war as a personal attack and the U.S. military as ❹deliberately trying to put him in danger. The story tells of his creativity in escaping from missions that might ❺cost him his life.

He does this in a unique way. In ordinary logic, any one would be afraid of going on a dangerous mission. But the "catch" in the title refers to a fictional Air Force regulation that states that a man who announces he is afraid of flying dangerous missions is "sane," therefore he will be sent on the mission. To the contrary, a man who actively requests an opportunity to take on a dangerous mission is considered "insane" and he would be relieved from going on the mission.

From this comes the English expression "catch-22" which means that the only way to solve a problem is made impossible by some circumstance in that problem itself or a rule. The title, therefore, refers to illogical and immoral ❻reasoning. Yossarian distrusts his commander as an officer who seems to increase the number of required flight missions before their tours of duty are completed.

---

❶ satirical: 風刺的な、皮肉な
❷ bombardier: 爆撃機の爆撃手
❸ disillusioned: 幻滅させられた
❹ deliberately: わざと、意図的に
❺ cost ~ one's life: ~の命が失われる
❻ reasoning: 推論、論理

『キャッチ＝22』
ジョーゼフ・ヘラー著
―とにかく生き延びるための奮闘―

　　ジョーゼフ・ヘラーが1961年に発表したこの風刺小説は、ジョン・ヨッサリアンという第二次世界大戦のアメリカ軍爆撃兵に焦点を当てている。ヒーローらしくない主人公のヨッサリアンは幻滅しており、戦争は個人的な攻撃で、米軍は意図的に自分を危険にさらそうとしていると考える。物語は、命を落とすかもしれない任務から逃れるための彼の創意工夫を描いている。

　　彼は独特の方法で、これをやってのける。普通の論理であれば、危険な任務に就くことを恐れるのは誰でも同じだろう。しかし、タイトルにある"キャッチ"とは、危険な任務に就くことを恐れていると表明した者は"正気"であり、従って任務に送り込まれるという空軍の架空の規則を指している。それとは逆に、危険な任務に就く機会を積極的に要求する男は「正気ではない」とみなされ、任務から解かれることになるのだ。

　　このことから、英語の"catch-22"という表現が生まれた。ある問題を解決する唯一の方法が、その問題自体かルールか、何らかの事情によって不可能になっていることを意味する。本書のタイトルは、つまり、非論理的で道義に反する理論を指す。ヨッサリアンは指揮官を上官として信頼できない。軍務期間を終えるまでに必要な飛行任務の数を増やしているように見えるからだ。

『キャッチ＝22』の初版本のカバー
デザイン。
写真：GRANGER.COM／アフロ

The novel is often considered one of the most significant English novels of the 20th century. It portrays the absurdity of military life and war in general, showing the experiences of Yossarian and his ❼cohorts who do their best to maintain their ❽sanity and while at the same time fulfilling their requirements so that they can return home ❾in one piece.

The officers in the novel seem to have no regard for the lives of their men and are only concerned about flying more missions than other ❿units. ⓫Traumatized by aerial combat and witnessing the brutal deaths of his friends, Yossarian is terrified that the next time he flies may be his last.

At the beginning of the story Yossarian may seem cowardly and selfish, but we gradually realize he is an able flyer who is loyal to his fellow airmen and has simply been pushed too far by the military officers and doctors. As the novel ends, Yossarian has learned that a companion has miraculously escaped to Sweden, a neutral country, and Yossarian ⓬pledges to follow him there.

Heller's fundamental ⓭contention is that in war there are no heroes, only victims. The commanding officers are portrayed as more frightening than the enemy. The "enemy" is anyone who is going to get you killed, and the commander who increases the number of required combat missions before a soldier can return home fits into that category.

The novel questions the idea that God is an all-powerful, all-knowing ⓮agent of goodness. Yossarian's view is that God created war, Hitler and all human failures, so God is just playing with humans or has forgotten about them.

❼cohort: 仲間
❽sanity: 正気
❾in one piece: 五体満足で、無事に
❿unit: 部隊
⓫traumatize: ～に心の痛手を負わせる、～に
精神的衝撃を与える
⓬pledge: 誓う、保証する
⓭contention: 主張、論点
⓮agent: 代理人、仲介者

　この小説はしばしば、20世紀に英語で書かれた小説で、最も重要な一つと見なされている。軍隊生活と戦争全般の不条理を描写し、ヨッサリアンとその仲間たちが正気を保つために最善を尽くすと同時に、無事に退役するための要件を満たそうとする様子を見せている。

　この小説の将校たちは、部下の命を顧みず、他の部隊よりも多くの出撃数をこなすことだけを考えているようだ。空中戦にトラウマを持ち、仲間の残酷な死を見たヨッサリアンは、次の飛行が最後になるかもしれないとおびえている。

　物語の冒頭では、彼は臆病で利己的な人物に見えるかもしれないが、私たちは次第に、彼が仲間思いの有能な飛行士であり、軍将校や軍医たちから単にむちゃをさせられているだけだと分かってくる。小説が終わる頃、ヨッサリアンは仲間が奇跡的に中立国のスウェーデンへ脱出したことを知り、彼を追うことを誓う。

　ヘラーの根本的な主張は、戦争には英雄は存在せず、犠牲者しかいないということだ。指揮官は敵よりも恐ろしい存在として描かれる。「敵」とは、自分を死なせようとしている者のことであり、兵士が軍役を終えるまでに必要な戦闘任務の数を増やす指揮官も、敵に分類される。

　この小説は、神が全知全能で善の代理人であるという考えに疑問を投げかけている。ヨッサリアンは、神は戦争もヒトラーも人間の失敗もすべて創造したのだから、神は人間をもてあそんでいるか、忘れているだけだと考えている。

NOTE

[原書の英語の難易度　★★★☆]

本書から生まれた英語表現 "catch-22" とは、やっかいで、勝ち目のない、あるいは不条理な状況を意味する。日常生活で言えば、例えば眼鏡が見当たらないが、肝心の眼鏡がないから探せない、といったようなジレンマを指す。この本では、正気でない者は危険な任務が免除されるが、危険な任務を避けたいと望む者は正気であると見なされてしまう、という矛盾する軍規を指す。

Seeing no good in [15] warfare, Heller sees only a modern economic motive for war. It is not to overcome an evil opponent but a way of generating violence in order to create profits, in what would become known as the "military-industrial complex," a term actually used by [16] President Eisenhower when he retired.

Heller himself was a bomber crew member who flew 60 missions and survived. The novel's anti-war and anti-government feelings resulted less from World War II itself and more from the Korean War and the 1950s. It reflects [17] the McCarthy era and [18] the Red Scare, a widespread fear that communism was taking over the world.

After it was published in 1961, the book became popular among the young counterculture generation. As America became deeply involved in Vietnam, the book became ever more [19] pertinent. It was both comic and anti-war at the same time. The book is filled with humor, but it is deadly serious in showing war in a broader economic, social and psychological sense. Together with works by [20] Thomas Pynchon and Kurt Vonnegut, the novel presents a new countercultural sensibility that is bizarre but also deeply [21] thought-provoking.

---

[15] warfare: 戦争行為、武力衝突

[16] President Eisenhower: ドワイト・デイヴィッド・アイゼンハワー (1890-1969) ※第34代米大統領

[17] the McCarthy era: マッカーシー時代 ※p. 48参照

[18] the Red Scare: 赤狩り ※p. 48参照

[19] pertinent: 適切な、妥当な

[20] Thomas Pynchon: トマス・ピンチョン (1937-) ※現代のアメリカ文学を代表する小説家の一人で、SFや科学、TVや音楽などのポップカルチャーから歴史まで幅広くカバーするポストモダン文学作家

[21] thought-provoking: 示唆に富む、啓蒙的な

戦争には何も良いことがないと考えたヘラーは、戦争に現代的な経済的動機しか見いだしていない。それは邪悪な敵に打ち勝つことではなく、後に"軍産複合体"として知られるようになる、利益を生み出すための暴力を生み出す仕組みである。これはアイゼンハワー大統領が引退するときに実際に使った用語である。

ヘラー自身も爆撃機の乗組員であり、60回の任務をこなして生還した。この小説の反戦・反政府感情は、第二次世界大戦そのものよりも、朝鮮戦争と1950年代から生じたものである。共産主義が世界を支配しつつあるという恐怖のまん延したマッカーシー時代と、「赤狩り」を反映している。

1961年の出版後、この本は若いカウンターカルチャー世代の間で人気を博した。アメリカがベトナムに深く関与するようになると、この本はますます時宜にかなうものになった。この本はコミカルであると同時に反戦的でもあった。本書はユーモアに満ちているが、より広範な経済的、社会的、心理的な意味での戦争を示すという点では真剣そのものである。トマス・ピンチョンやカート・ヴォネガットの作品と共に、この小説は奇妙でありながら深く考えさせられる新しいカウンターカルチャー的感性を提示している。

『キャッチ＝22』
ジョーゼフ・ヘラー著／1961年刊

アメリカの風刺作家、および戯曲家であるジョーゼフ・ヘラー（1923-'99）による、軍隊の狂気に対する陽気かつ悲劇的な風刺と、それを生き抜こうとする、一人の男の物語。第二次世界大戦末期、爆撃兵ヨッサリアンはかつてないほど死に近づいていた。イタリア沖の爆撃機隊に配属された彼は、飛行任務のたびに何千人もの敵に遭遇する。しかし、彼にとっての問題は、上空にいる敵機ではなく、彼を空中にとどめておこうとする自国の軍隊であり、脱出の可能性を許さない、気の狂うような「キャッチ22」なのだ。

26 "Barn Burning," (short story) by William Faulkner

—Hatred, Revenge, and a Choice—

One of William Faulkner's more ❶accessible short stories, "Barn Burning" examines the struggle of a 10-year-old white boy named Sartoris Snopes, who has to have insight and make moral decisions that are beyond his age. With no school education, surrounded by violence and without a stable home life, he attempts to maintain a sense of justice.

The Snopes family, who are treated ❷virtually as white slaves, moves from one farm owned by a rich white family to another. The Snopes seem to exist outside of normal society and even outside of the law. Their moral code — which the father ❸imposes with violence — is based on loyalty to family. At the story's end, Sartoris must decide whether family loyalty is more important than loyalty to morality and the law.

Sartoris' father is determined to ❹take a stand against any landowner he works for. He lets his pig break into the owner's cornfields, fails to do the work he has promised to do and refuses to ❺make amends for any trouble he has caused. The father regularly seeks revenge on the upper-class whites he works for.

❻Under cover of night, he gets his revenge by burning the barn. It is hard to prove that he is the one who commits this violence. Without proof, all the rich landowner can do is take him to court. For Snopes, poor and powerless in society, fire is the only means he knows of keeping his ❼integrity and getting revenge for the ❽slights that he believes have been piled upon him throughout his life He ❾turns to fire to gain a sense of power — even if it is for one brief moment.

---

❶ accessible: 理解しやすい、分かりやすい
❷ virtually: 実質的には
❸ impose: ～を押しつける
❹ take a stand against ～: ～に抵抗する
❺ make amends for ～: ～の償いをする

❻ under cover of night: 闇に紛れて
❼ integrity: 完全な状態、整合性
❽ slight: 侮辱、軽蔑
❾ turn to ～: ～に頼る

「納屋を焼く」（短編）
ウィリアム・フォークナー著
―憎しみ、復讐、そして選択―

　ウィリアム・フォークナーの短編の中でもより親しみやすいものの一つである「納屋を焼く」は、年齢以上の洞察力を発揮して、道徳的な決断を下さなければならない10歳の白人少年、サートリス・スノープスの葛藤を描いている。学校教育も受けず、暴力に囲まれ、安定した家庭生活もない彼は、正義感を保とうとする。

　事実上、白人奴隷として扱われるスノープス一家は、裕福な白人一家が所有する農場を転々とする。一家は、普通の社会の外に、もっと言えば法の外に存在しているように見える。彼らの道徳規範は――父親が暴力で押し付けるものだが――家族への忠誠に基づいている。物語の最後でサートリスは、家族への忠誠が道徳や法律への忠誠よりも重要かどうかを決断しなければならない。

　サートリスの父親は、自分が仕える地主に断固として抵抗する。自分の豚を所有者のトウモロコシ畑に侵入させ、約束した仕事を怠り、自分が引き起こしたトラブルの償いをしようとしない。定期的に、自分の雇い主である上流階級の白人に復讐しようとする。

　闇に紛れて、彼は納屋に放火して復讐を果たす。この放火の実行犯が彼であると証明するのは難しい。証拠がなければ、金持ちの地主は彼を裁判にかけるしかない。貧しく、社会的に無力なスノープスにとって火は、自分自身を保ち、生涯通じて身の上に降り積もってきたと信じている侮辱に復讐するための唯一の手段なのだ。彼は力を感じるために火を利用する――たとえそれがほんの一瞬であったとしても。

NOTE

［ 原書の英語の難易度　★★☆☆ ］

ノーベル文学賞を受賞したウィリアム・フォークナーは、非常に長くて複雑な文で知られる。文体もさりながら、単純明快な解決策が見当たらない、日常生活の葛藤というテーマをよく扱うため、さらに複雑さが加わる。『死の床に横たわりて』、『響きと怒り』、『アブサロム、アブサロム！』や『八月の光』は秀作だが、英語を母語とする読者にとっても非常に難しい。南部方言は彼の著作にリアリズムを加えるためには不可欠であり、登場人物の教育程度や背景を示すものでもある。

After several ❿episodes, Sartoris finds himself called to ⓫testify against his own father in court. However, the victim of this latest barn burning refuses to make the boy testify against his own father. Instead, the family is forced to leave town and never return.

The family arrives at a new home and begins to ⓬unload their possessions from the ⓭wagon. Snopes and Sartoris go to the house of the owner of the land where the family will work. The owner is Major de Spain, and the sight of the house gives Sartoris a feeling of peace and joy that he has never experienced before.

There is another incident that prompts Snopes to attempt to burn de Spain's barn, and on this occasion the boy not only tries to prevent his father from acting but also ⓮rushes off to warn de Spain. At the end of this ⓯tumultuous episode, Sartoris chooses goodness and morality rather than the ⓰corrupted devotion to family that his father has imposed on them. De Spain shoots Snopes, killing him and — as a result — freeing Sartoris from his ⓱despair, guilt and fear.

Free of his father's ⓲clutches, he has achieved a type of peace, but we do not know what impact Sartoris' escape will have on him and the rest of the family.

---

❿episode:（繰り返される）発作、発症　※ここでは「放火（癖の発症）」のこと

⓫testify: 証言する

⓬unload: ～を降ろす

⓭wagon: 荷馬車

⓮rush off: 急いで立ち去る

⓯tumultuous: 波乱に満ちた、激動の

⓰corrupted: 堕落した

⓱despair: 絶望

⓲clutches:（通常、複数形で）手中、支配

　何度かの事件の後、サートリスは法廷で実父に不利な証言をするよう求められる。しかし最後に納屋を焼かれた被害者は、少年に実父に不利な証言をさせることをよしとしない。代わりに、一家は町を出て二度と戻れなくなる。

　一家は新しい家に到着し、荷馬車から家財を降ろし始める。スノープスとサートリスは、一家が働く土地の、所有者の家に行く。所有者はド・スペイン少佐で、その家を見たサートリスは今まで味わったことのない安らぎと喜びを感じる。

　またもや、スノープスがド・スペインの納屋を燃やそうとする事件が起こるが、このとき少年は父親の行動を阻止しようとするだけでなく、ド・スペインに警告するために駆け出す。この波乱に満ちたエピソードの最後に、サートリスは、父親が押し付けてきた、家族への堕落した献身ではなく、善と道徳を選ぶ。ド・スペインはスノープスを射殺し、その結果、サートリスは絶望、罪悪感、恐怖から解放される。

　父親の支配から解放されたサートリスは一種の平穏を手に入れたが、彼の逃亡が彼自身や残された家族にどのような影響を与えるかは分からない。

「納屋を焼く」(短編)
ウィリアム・フォークナー著／1939年刊

20世紀アメリカ文学界の巨匠フォークナー(1897-1962)の全短編の中で、頂点を極めた作品の一つと評価が高い作品。1800年代末、南北戦争で荒廃した南部のミシシッピ州を舞台にする。この作品は、後に続く「スノープス三部作」に登場する一族の、主要人物たちの始祖アブ・スノープスとその息子の葛藤について、第三者的人物が語ったもの。父親が持つ、自分が絶対に正しいという信念に対して、恐怖や絶望、悲しみを抱いている息子が、どう接していくのかが読みどころ。

英語で読みたいあなたへ

　本書で解説した本は、英語で原書を読めればなお良いが、ノンネイティブの学習者にとっては難しいものが多い。だが、語彙が難解すぎる、文法が複雑すぎるという理由であきらめてしまう前に、学習者向けにプロが書き直したグレイデッドリーダー（段階別読み物）で読むという選択肢をご紹介しておきたい。

　「グレイデッドリーダー」には2つの魅力がある。第一に、辞書と首っ引きにならずにすむので読書を中断する必要がなく、あらすじを追ったり行間をつかんだりするのが容易だということ。第二に、短時間で英語の名著を最後まで読み通すことができるので、その達成感が、もっと読もうという励みにもなることだ。以下に3つの出版社から出ているグレイデッドリーダーを紹介しよう。

オックスフォード・ブックワームズ・ライブラリー
（Oxford Bookworms Library）

概要 中高生から一般向けの7レベル構成のグレイディッド・リーダー。200以上の英文テキストから成る。

レベル
【スターター】見出し語250／平均単語数1,375語
↓
【レベル6】見出し語2,500／平均単語数3万語（C1［CEFR］、IELTS 6.5-7.0、英検1級）

適切なレベルの選び方
読み手が適切なレベルで読めているのは、以下の場合：
- 知らない単語が1ページに1〜2個だけ。
- 1分間に8〜10行読める。
- 読んでいる内容をほとんど理解している。

IBCパブリッシング ラダーシリーズ

概要 「はしご（ladder）」を登るようにステップアップする、多読・速読用のテキスト。ワードリストが付いているので辞書なしで読める。日本の学校英語カリキュラムに基づいたレベル。日本全国の書店で購入可能。

レベル
【Level 1】使用語彙1,000語／TOEIC 300〜400点／英検4級／iTEP 0.0〜1.0
↓
【Level 5】使用語彙 制限無し／TOEIC 700点以上／英検準1級以上／iTEP 4.0以上

ピアソン・イングリッシュ・リーダーズ
（旧ペンギンリーダーズ）

概要 難易度別・単語数別に分けられた「Graded Readers」の草分け的存在。Easystartsからレベル6まで7段階にレベル分けされている。

レベル
【Easystarts】語数300語／英検4級／TOEIC 300
↓
【レベル6】語数3000語／英検準1級／TOEIC 800

　これらのレベルはあくまでも目安だ。ぜひ書店に行き、手近な一冊を手にとってどれくらい読めそうか、試してみよう。大切なのは辞書をほとんど使わずに読み進めるということだ。もしあるレベルの一冊が読めそうであれば、その上のレベルに行く準備ができるまで、同じレベルのものを何冊か読んでみるといいだろう。

Chapter

6

📖

コミュニティー

27 *Anne of Green Gables,* by L. M. Montgomery

— An Imaginative Orphan Transforms Her New Home —

The author ❶draws on her own childhood experiences of rural life on Prince Edward Island, in eastern Canada, in a series of books about a ❷spirited orphan named Anne. This appealing book is the first of the series, and it is the most widely read.

Eleven-year-old Anne Shirley is mistakenly sent to live with Marilla and Matthew Cuthbert, in rural Avonlea. The unmarried brother and sister are becoming too old to continue with their farm chores, so they had planned to adopt a boy from an ❸orphanage to help. But the orphan who arrives at the train station is not a boy. Instead, the orphanage has sent bright, ❹talkative Anne. After much debate between the brother and sister, they decide to keep and raise Anne as their daughter.

Anne hasn't learned to act "properly," according to some neighbors, but she does try to follow what Marilla teaches her to do.

At the orphanage, Anne had never developed any close friendships and instead invented ❺imaginary playmates. She ❻daydreams, creating her own imaginary world, and struggles when her fantasies ❼conflict with social expectations. While often failing to understand why Marilla is so concerned about proper behavior, Anne ❽nevertheless makes efforts to please her new "parents."

But after settling in Avonlea, she quickly becomes close to her neighbor Diana Barry. At school, she develops a ❾rivalry with a boy named Gilbert, who begins their relationship by ❿teasing her about her red hair, something she is very sensitive about.

---

❶ draw on 〜: 〜を（手段として）利用する
❷ spirited: 元気な、活発な
❸ orphanage: 孤児院、児童養護施設
❹ talkative: おしゃべりな
❺ imaginary: 想像上の
❻ daydream: 白昼夢を見る、空想にふける
❼ conflict with 〜: 〜と衝突する
❽ nevertheless: それにも関わらず
❾ rivalry: 対抗意識
❿ tease: 〜をからかう

『赤毛のアン』
L. M. モンゴメリ著
―想像力豊かな孤児が変えた新しい家庭―

　カナダ東部のプリンス・エドワード島での田舎暮らしという、著者自身の幼少時代の経験を基にしたシリーズは、アンという名の快活な孤児についての話だ。この魅力的な本はシリーズの第一作目で、最もよく読まれている。

　11歳のアン・シャーリーは、田舎のアヴォンリーに住むマリラとマシュー・カスバートの家に誤って送られる。未婚の兄と妹は農作業を続けるには年を取りすぎていたので、孤児院から男の子を養子に迎えて手伝わせようと計画していた。しかし、駅にやってきた孤児は少年ではなかった。代わりに孤児院は明るくおしゃべりなアンを送ってきたのだ。兄と妹は話し合いを重ねた末、アンを養女として手元で育てることに決める。

　近所の人たちの中には、アンは「きちんと」行動することを学んでいないと言う人もいたが、アンはマリラに教えられたことに従おうと努力する。

　孤児院でアンは親しい友人関係を築けず、代わりに想像上の遊び仲間を作った。空想にふけり、自分だけの想像の世界を作り上げ、空想が社会の期待に反するときに悩む。アンは、マリラがなぜそこまで礼儀作法にこだわるのか理解できないことが多いが、それでもアンは新しい「両親」を喜ばせようと努力する。

　しかし、アヴォンリーに落ち着いてからは、すぐに隣人のダイアナ・バリーと親しくなる。学校では、ギルバートという男の子にライバル心を燃やす。ギルバートは、アンがとても気にしている赤毛についてからかうことから関係を築く。

NOTE

[原書の英語の難易度　★☆☆☆]

プリンス・エドワード島は、カナダの東海岸に位置する美しい孤島である。この物語はアンと彼女を養子に迎えた兄と妹との日々、自身の夢、そして周囲の人々の生活をより良いものにしようとする彼女の献身を描く。読者は誰でも、彼女がどのように周囲に順応していき、小さな世界を明るくするかに気づくだろう。私たちの周りにもそういう人はいる。それが、この物語が時代遅れにならず、人々の共感を呼び続けている理由だろう。

Over the years, Anne remains spirited but ⓫devotes her energies to her schoolwork. One of her teachers, Miss Stacy, notices her intelligence and encourages her to ⓬compete for entrance to the ⓭prestigious Queen's Academy. As it turns out, Gilbert and Anne both qualify and attend the elite school. Hoping to make Marilla and Matthew proud of her, she devotes her energies to her studies and earns a scholarship to attend a four-year college.

Her excitement about her future chances ⓮comes to a sudden halt. When she returns to Green Gables, Matthew dies of a heart attack and Marilla is gradually going blind. So, Anne decides to stay and teach at a school nearby so that she can take care of Marilla. Although Gilbert has long been Anne's rival, he purposely gives up his teaching job at the Avonlea school so that Anne can take that position and remain close to Marilla. Anne and Gilbert's long rivalry ⓯evolves into a warm friendship.

After her own parents died and she was put in the orphanage, Anne ⓰made up for the loss of affection by creating her own imaginary world. She brings her imagination and cheer to Green Gables, where she brightens the world of the ⓱stiffly correct Marilla and ⓲bashful Matthew. Over the years, Anne devotes less attention to her imagination and more to the real world around her, becoming a mature young woman. But the continuous appeal of Anne's character is that she remains optimistic regardless of the difficulties she faces and cheerful about what the future may bring.

⓫ devote A to B: A を B につぎ込む
⓬ compete for 〜: 〜を得ようと競う
⓭ prestigious: 権威ある、評価の高い
⓮ come to a halt: 停止する

⓯ evolve into 〜: 〜へと変化する
⓰ make up for 〜: 〜を埋め合わせる
⓱ stiffly: 堅苦しく、頑固に
⓲ bashful: はにかみやの、内気な

　年月とともに、アンは快活さを失わないまま学業に精を出すようになる。彼女の教師の一人であるステイシー先生は、彼女の聡明さに気づき、名門クイーンズ・アカデミーへの入学を競い合うように勧める。その結果、ギルバートとアンは共にその資格を獲得し、このエリート校に通うことになる。マリラとマシューに誇りに思ってもらおうと、アンは勉強に打ち込み、四年制大学に進学する奨学金を得る。

　しかし、将来のチャンスに胸を躍らせたのもつかの間だった。彼女がグリーン・ゲイブルズに戻ったとき、マシューは心臓発作で亡くなり、マリラは次第に視力を失っていく。そこでアンは、マリラの面倒を見るために家にとどまり、近くの学校で教職に就くことにする。ギルバートは長い間アンのライバルだったが、アンがその職に就き、マリラの近くにいられるようにと、わざとアヴォンリー校での教職を放棄する。アンとギルバートの長いライバル関係は、温かい友情へと発展する。

　実の両親を亡くし、孤児院に預けられたアンは、自分の空想の世界を作ることで失った愛情を埋め合わせた。彼女はその想像力と明るさをグリーン・ゲイブルズに持ち込み、堅苦しく正しいマリラと内気なマシューの世界を明るくする。年月がたつにつれ、アンは空想に向けていた目を、現実の世界に向けるようになる。しかし、アンの変わらぬ魅力は、困難に直面しても楽観的であり続け、未来の可能性を明るく捉えるところにある。

『赤毛のアン』
L. M. モンゴメリ／1908年刊

19世紀後半、11歳の孤児の少女アン・シャーリーが、カナダのプリンス・エドワード島にある架空の町アヴォンリーの農場で働く、中年の兄と妹のもとに、手違いで送り込まれる。新しい家での生活、周りの人々との衝突や真の親友の存在、学校での事件などを描く。全年齢向けにカナダの小説家のモンゴメリ（1874-1942）が書いたこの作品は、20世紀半ば以降、古典的な児童小説として読み継がれている。出版以来、少なくとも36ヵ国語に翻訳され、世界で最も売れた本の一つである。映画化、ドラマ化、アニメ化されたほか、ミュージカルや演劇も上演されている。

28 *Little House on the Prairie,* by Laura Ingalls Wilder

—Family Life at the Opening of the American Frontier—

The first of the author's series of autobiographical children's novels **❶**was set in Wisconsin, and it was titled *Little House in the Big Woods. Little House on the* **❷***Prairie* tells the story of the family leaving the woods in search of new opportunities on the American frontier.

The family feels that Wisconsin is becoming somewhat crowded with new settlers. They have to compete with the settlers in hunting wildlife, so survival has become difficult. Laura's father, Charles Ingalls ("Pa"), hears that the broad, open prairies of Kansas are going to be available for hardworking people such as him and Laura's mother, Caroline Ingalls ("Ma"). So, along with their three daughters, Mary, Laura and Baby Carrie, they **❸**pack up what belongings they can take and head southwest.

In the middle of winter, they cross the Mississippi River and begin their long, dangerous **❹**trek. They **❺**encounter harsh weather, dangerous streams and wild animals along the way. Every day brings some new challenge, but they manage to overcome them one after another.

Once they arrive in the wide prairie land, Pa works for several months building a one-room log house, hurrying to complete it so that they will not be attacked by the wolves they hear **❻**howling at night. He and Ma cooperate with their new neighbors to survive in a completely new land.

---

❶ be set in ~: (劇や物語などの場面・舞台を)
~に設定する、~を舞台とする

❷ prairie: プレーリー、(ロッキー山脈東側の)
大草原

❸ pack up ~: ~ (荷物)をまとめる、荷造りする

❹ trek: 集団移住

❺ encounter: ~ (困難、問題など)に遭遇する、
~に直面する

❻ howl: 遠ぼえする

『大草原の小さな家』
ローラ・インガルス・ワイルダー著
―開拓時代初期のアメリカの家庭生活―

　著者の自伝的児童小説シリーズの第一作はウィスコンシン州が舞台で、『大きな森の小さな家』というタイトルだった。『大草原の小さな家』は、一家がその森を後にし、アメリカの西部辺境に新たな機会を求めて旅立つ物語である。

　一家は、ウィスコンシン州に新しい入植者が増え過ぎてきていると感じている。他の入植者たちと競って野生動物を狩るため、生き残るのが厳しくなる。ローラの父親、チャールズ・インガルス（「父さん」）は、カンザス州の広々とした大草原が、彼自身やローラの母親のキャロライン・インガルス（「母さん」）のような働き者のために用意されると聞く。そこで一家は、三人の娘たちのメアリー、ローラ、赤ん坊のキャリーと共に、持てるだけの荷物をまとめて南西を目指す。

　真冬のミシシッピ川を渡り、長く危険な旅が始まる。途中、厳しい天候、危険な河、野生動物に遭遇する。毎日のように新たな試練に見舞われるが、彼らはそれを次々と乗り越えていく。

　広い大草原地帯に到着すると、父さんは数カ月かけて一部屋の丸太小屋を作ろうとし、夜に遠ぼえを聞くオオカミに襲われないよう完成を急ぐ。父さんと母さんは、まったく新しい土地で生き延びるために、新しい隣人たちと協力し合う。

TVドラマ版の『大草原の小さな家』。放送当初から大きな反響を呼び、日本を含む世界各国で翻訳版が放送された。
写真：Everett Collection／アフロ

Among the trials the family faces are dangers caused by nature. Each season brings a different kind of harsh weather, and it is not easy to create new fields to grow crops.

Added to their problems is the threat from the nearby **❼**Osage, a **❽**tribe of Native Americans. The family learns that the new house they have built is actually three miles inside Native Americans' territory and the government will not give them land there. The Osage do not harm them, thanks to one friendly local Osage leader, but the government announces plans to **❾**forcibly remove all **❿**white settlers from that area.

So, her father decides to move the family again — to the town of Independence — before they are forced to leave. Eventually they receive word that the man who bought their farm in Wisconsin has had to give it up, so they leave Kansas and return to Wisconsin after a two-year absence. They go back to hunting and farming again. In later books in the series, we learn that the family heads to Minnesota, across the Mississippi River from Wisconsin.

The novel is not just a simple tale of adventure. It portrays American life on the prairie in the late 1800s as a mixture of struggles and joys. But it also emphasizes that when there are problems to **⓫**contend with, the family has to stick together in order to survive. It is the family that provides the necessary **⓬**resilience and love when times are tough. And it shows how determination, hard work, cooperation and ability to **⓭**adapt are the keys to survival.

---

❼Osage: オーセージ族 ※アーカンソー、ミズーリ、カンザス、オクラホマ、テキサス州の多くを支配していた、中央平原の先住民部族

❽tribe: 部族

❾forcibly: 強制的に、無理やり

❿white settler: 白人入植者

⓫contend with 〜: 〜に取り組む

⓬resilience: 立ち直る力、復元力

⓭adapt: 順応する、適応する

　一家が直面する試練の中には、自然がもたらす危険.もある。季節ごとに異なる厳しい天候が訪れ、作物を育てるための新しい畑を作るのは容易ではない。

　さらに、近くに住むアメリカ先住民、オーセージ族の脅威も彼らの問題に加わる。一家は自分たちが建てた新居が、実は先住民居住地に3マイル入ったところにあり、その土地は政府からもらい受けられないことを知る。地元の友好的なオーセージ族のリーダーのおかげで、部族が一家に危害を加えることはなかったが、政府はその地域からすべての白人入植者を強制的に排除する計画を発表する。

　そこで父さんは、一家が強制退去させられる前に再び引っ越して、（カンザス州）インディペンデンスの町へ移ることを決める。やがて、ウィスコンシンで彼らの農場を買った男がその農場を手放さなければならなくなったという知らせを受け、彼らはカンザスを離れ、2年ぶりにウィスコンシンに帰る。一家は再び狩猟と農業の生活に戻る。シリーズの後の方では、一家はウィスコンシン州からミシシッピ川を渡ってミネソタ州に向かう。

　この小説は単なる冒険物語ではない。1800年代後半の、大草原地帯でのアメリカ人の生活を、葛藤と喜びの入り交じったものとして描いている。しかし、問題に直面したとき、生き残るためには家族が団結しなければならないことも強調されている。困難な時に必要な回復力と愛を与えてくれるのは家族なのだ。そして、決断力、勤勉さ、協調性、適応能力が、生き残るための鍵となるさまを示している。

NOTE

[原書の英語の難易度　★☆☆☆]

この本には二つの重要な要素がある。一つは、アメリカ開拓時代の中西部にある家庭の幼い子どもたちの青春物語である。一家の生計を立てるために、一人一人が隣人たちとも協力しなければならない。もう一つは、厳しい天候に見舞われる新天地で、新しい家を建てて、生活を始めることの難しさだ。次から次へと襲いかかる苦難も読みどころの一つだ。

『大草原の小さな家』
ローラ・インガルス・ワイルダー著／
1935年刊

著者ワイルダー（1867-1957）の子ども時代の経験に基づく、「小さな家」シリーズのうちの3作目。ローラ・インガルスとその家族は、小さな家を建てるのにぴったりの場所を探してカンザスへ向かう。一家が新しい家に慣れ始めた頃、彼らは紛争の渦中にいることに気づく。一家は再び引っ越さなければならないのか？ アメリカの開拓時代の生活を垣間見ることができる、愛情あふれる家族の、心温まる物語は、何世代にもわたって読み継がれている。1974年に始まったドラマシリーズも国内外で有名。

29

The Grapes of Wrath, by John Steinbeck

—Realities of Haves and Have-Nots—

This novel has become an American classic, and it deserves to be on everyone's reading list. This portrays the impact of the harsh ❶Great Depression of the 1930s. Already struggling with the climatic disaster known as ❷the Dust Bowl, in which fertile farmland is stripped by winds and left covered with dust, farmers are forced off their land and end up as ❸migrant farmworkers in California. Many states other than Oklahoma are affected, but these people become known by the ❹derogatory name "❺Okies."

Tom Joad, newly released from prison, hitchhikes his way home to the family farm. Along the way, he meets Jim Casy, a family acquaintance and former preacher, who tells Tom that his family is being ❻evicted from their farm because they were unable to pay their rent.

Drought, harsh winds and drying of wells have left the Joads and many of their neighbors unable to grow crops in order to make ends meet. The banks are ❼foreclosing on the properties, so farmers have to leave what they considered "home," but they don't know where to go. These economic and environmental hardships are beyond their comprehension, and the Joad family and their neighbors are forced to take drastic measures to survive.

---

❶ Great Depression: 世界恐慌、大恐慌
 ※p. 48参照

❷ the Dust Bowl: ダストボウル、砂嵐　※p. 48
 参照

❸ migrant: 移住性の、出稼ぎの

❹ derogatory: 軽蔑的な

❺ Okie:オーキー　※オクラホマ人という意味
 だが、ここでは1930年代のオクラホマ州か
 らの出稼ぎ労働者を指す蔑称

❻ evict: ～を（法律で）立ち退かせる

❼ foreclose on ～: ～に担保権を行使する

『怒りのぶどう』
ジョン・スタインベック著
―持つ者と持たざる者の現実―

　この小説はアメリカの古典となっており、すべての人の読書リストに載るべき一冊だ。本書は1930年代の世界恐慌の過酷な影響を描いている。肥沃な農地が風ではぎ取られ、砂ぼこりに覆われるダストボウルと呼ばれる気候災害にすでに苦しんでいた農民たちは、土地を追われ、カリフォルニアで出稼ぎ農場労働者として働くことになる。オクラホマ以外の多くの州が影響を受けたが、こうした人々は"オーキーズ"という蔑称で呼ばれるようになる。

　刑務所から出所したばかりのトム・ジョードは、ヒッチハイクで家族の農場へ帰る。途中で出会った、家族の知り合いで元伝道師のジム・ケイシーはトムに、彼の家族が地代を払えず農場から追い出されそうになっていることを告げる。

　干ばつ、厳しい風、井戸枯れにより、ジョード一家と多くの隣人たちは、生活費を稼ぐための作物を育てることができなくなっていた。銀行が担保の差し押さえを進めているため、農民たちは「故郷」と思っていた土地を離れなければならないが、どこへ行けばいいのか分からない。このような経済的、環境的苦難は彼らの理解を超えており、ジョード一家とその隣人たちは、生き残るために思い切った手段を取らざるを得ない。

映画『怒りの葡萄』（1940）より。
ヘンリー・フォンダ（＝トム・ジュード。右）主演。
写真：GRANGER.COM／アフロ

Tom finds his family and, attracted by ❽ handbills describing farm-labor jobs in California, they all ❾ set out on ❿ Route 66, the main road westward. Casy joins the Joads in their overloaded truck, which carries all of their possessions. Their ⓫ exodus reflects that of the Israelites' exodus from Egypt into the wilderness, and they encounter numerous trials and various warnings that the ⓬ anticipated jobs are not as good as they hope.

Once they reach what they think is "the Promised Land" of California, they find that their troubles are not over. In ⓭ makeshift migrant camps, they find that jobs are scarce, the pay is poor and some families are starving to death. When a recruiter appears seeking workers to pick fruit, a migrant asks him to put the wages in writing, to guarantee that they will be paid for their work. A policeman steps in and tries to arrest the man for being a "communist." In the ⓮ scuffle that occurs, Casy knocks out the policeman and is arrested.

When the Joads arrive at another town, ⓯ hostile residents gather to keep the ⓰ despised "Okies" from entering.

Tom finds a temporary job, but there is not enough work for the whole family after the local harvest is complete. They have to move on. They are offered jobs picking peaches, so they move to that orchard area. When they get there, however, they find they will be used as "strikebreakers" and their friend Casy is one of the organizers of the striking peach pickers.

---

❽ handbill: ビラ、ちらし

❾ set out on 〜: 〜（旅）に出発する

❿ Route 66: ルート66　※イリノイ州シカゴからカリフォルニア州サンタモニカを結ぶ全長3755kmの東西横断道路

⓫ exodus: 大脱出、大量の人間の移住や移動　※the Exodus は旧約聖書の出エジプトを指す

⓬ anticipated: 予期された、待たれていた

⓭ makeshift: その場しのぎの、仮設の

⓮ scuffle: 乱闘、取っ組み合い

⓯ hostile: 敵対的な、非友好的な

⓰ despised: 軽蔑された、嫌われた

　トムは家族を見つけ、カリフォルニアでの農作業の仕事を紹介するビラに引かれ、西へ向かう幹線道路ルート66の旅に出発する。ケイシーもジョード一家に同行し、彼らの全財産を積んだ過積載のトラックに乗る。この大移動は、イスラエルの民のエジプトから荒野への脱出を反映しており、彼らは数々の試練と、期待された仕事が望んでいたほど良いものではないというさまざまな警告に遭遇する。

　「約束の地」と思われたカリフォルニアに到着しても、彼らの苦労は終わらない。仮設の移民キャンプでは、仕事は少なく、給料は低く、飢え死にする家族もいると分かる。果物を収穫する労働者を求めてリクルーターが現れたとき、ある移民は労働に対して支払われることを保証するために、賃金を書面にするよう求める。そこに警官が現れ、「共産主義者」であるとしてその男を逮捕しようとする。乱闘の末、ケイシーが警官を倒し、逮捕される。

　ジョード一家が別の町に着くと、敵意に満ちた住民たちが集まり、嫌われ者の「オーキーズ」を立ち入らせないようにする。
　トムは臨時の仕事を見つけるが、そこでの収穫が終わると家族全員分の仕事はない。彼らは移動しなければならない。桃を収穫する仕事を紹介され、彼らはその農園地に移る。しかし、そこに着くと、彼らは「ストライキ破り」に使われるのだと分かる。友人のケイシーは、桃摘み労働者のスト組織者の一人だったのだ。

NOTE

[原書の英語の難易度　★★★☆]

　このベストセラー小説は、刊行の翌年ピュリツァー賞を受賞し、映画化され、スタインベック（1902-'68）は1962年にノーベル文学賞を受賞した。なお『怒りのぶどう』というタイトルは、南北戦争中のアメリカの愛国的賛美歌 "The Battle Hymn of the Republic"（「リ

パブリック讃歌」。日本の大手家電量販店のCMソングとしても有名）のフレーズから来ている。聖書の一節に触れ、神の正義への訴えと抑圧からの解放を説いており、まさにこの小説のテーマと相似している。

Casy is killed by one of the men who are trying to break up the strike, and Tom kills that man. Afraid that Tom will be arrested again, the Joads leave and find work picking cotton. They also find a [17]railroad boxcar to live in with another family. Tom, who fears being arrested and sent back to prison, decides to [18]follow in Casy's footsteps and become a labor organizer.

The Joads again have to move to find work. Tom's sister [19]Rose of Sharon, who has been abandoned by her would-be husband, gives birth to a [20]stillborn child. As the Joads travel onward, they find a small boy and a starving man in a barn. The novel ends with Rose of Sharon feeding the man her breast milk.

Steinbeck portrays the Joads and other workers like them as [21]exploited by banks and businesses, using farmland and the poor farm laborers as a source of profit. Through the trials of leaving Oklahoma, migrating to California and struggling to find work that pays a decent wage in the farmlands there, the Joads and other [22]dispossessed farmworkers learn to rely on one another and the larger community of fellow workers.

They struggle to [23]retain a degree of dignity and preserve their families despite the collapse of their farms, their forced migration and the powerful impersonal businesses who control their destiny.

---

[17] railroad boxcar: 鉄道有蓋車

[18] follow in one's footsteps: （人）の足跡をたどる、（人）の先例にならう

[19] Rose of Sharon ※この名は旧約聖書の『雅歌』に出てくる。ローズは聖母マリアを象徴し、「乳」が約束の地に流れる。作中では「ロー ザシャーン」と発音される

[20] stillborn: 死産の

[21] exploited: 搾取された

[22] dispossessed: 家や土地を奪われた

[23] retain: ～を保っている、～を持ち続ける

　ケイシーはストライキを解散させようとする男たちの一人に殺され、トムはその男を殺す。トムが再び逮捕されることを恐れたジョード一家は、そこを去り、綿花摘みの仕事を見つける。また、鉄道の貨車を見つけ、もう一家族と一緒に暮らす。逮捕され、再び刑務所に送られることを恐れたトムは、ケイシーにならって労働運動家になることを決意する。

　ジョード一家は仕事を見つけるために再び移動を余儀なくされる。トムの妹ローズ・オブ・シャロンは、夫になるはずだった男性に捨てられ、死産する。ジョード一家が旅を続けていると、納屋で小さな男の子と飢え死にしかけている男を見つける。小説は、ローズ・オブ・シャロンが男に母乳を与える場面で終わる。

　スタインベックは、ジョード一家や彼らのような労働者たちを、農地と貧しい農業労働者を利益の源泉として利用する銀行や企業に搾取される存在として描いている。オクラホマを離れ、カリフォルニアに移住し、そこの農地でまともな賃金が支払われる仕事を見つけようと奮闘する試練を通して、ジョード一家ら土地を奪われた農業労働者たちは、互いに、そして労働者仲間という大きなコミュニティーに頼ることを学ぶ。

　農場の崩壊、強制移住、そして彼らの運命を支配する強大で非人間的なビジネスにも関わらず、彼らはいくばくかの尊厳を保ち、家族を守ろうと奮闘する。

『怒りのぶどう』
ジョン・スタインベック著／1939年刊

1930年代の経済不況やダストボウル、農業の機械化を背景に、オクラホマ州の小作地から追い立てられた季節労働者のジョード一家。家財を売り払って手に入れたトラックで「約束の地」カリフォルニアへと流れて行く、一家の苦難の旅路を描く。史実を基にした記録小説として、大きな反響を呼び、ベストセラーとなった。翌1940年には映画版が公開された（監督ジョン・フォード／主演ヘンリー・フォンダ）。

30

Why We Can't Wait, "I Have a Dream" (speech) by Martin Luther King, Jr.
― Injustice Anywhere Is a Threat to Justice Everywhere ―

Birmingham, Alabama, was known as one of the most violent, ❶ segregationist cities in America. One hundred Black churches and homes in the city had been bombed since 1948 by white racists, earning the city the nickname "Bombingham." Dr. Martin Luther King, Jr. was aware that if he went to Birmingham in 1963 to lead protests against segregation and racism there, he would be arrested.

He was immediately arrested and placed in ❷ solitary confinement. While in jail, white liberal ❸ clergymen published a letter in the local newspaper, Birmingham News, that criticized the protests as "untimely." They wrote that changing society would take time and King was pushing too quickly. King, of course, was also a clergyman, a fellow Christian.

In response, he composed one of the most powerful letters in American history. Because he did not have any writing materials, he began writing in the margins of a newspaper and added passages on slips of paper ❹ smuggled in by visitors. Eventually, the letter reached 20 pages, becoming a ❺ soaring piece of American political ❻ rhetoric. It was a ❼ testament to the urgency of the cause of Black Americans.

---

❶ segregationist: 人種的分離（差別）主義の
❷ solitary confinement: 独房監禁
❸ clergyman: 聖職者、牧師
❹ smuggle in 〜: 〜をこっそり持ち込む
❺ soaring: 急上昇する
❻ rhetoric: 修辞法、弁論
❼ testament: 証し、信条、告白

『黒人はなぜ待てないか』/「私には夢がある」（演説）
マーティン・ルーサー・キング・Jr. 著
―どこの不正もすべての正義を脅かす―

　アラバマ州バーミンガムは、アメリカで最も暴力的で隔離主義的な都市の一つとして知られていた。1948年以来、市内の黒人教会や家屋100棟が白人差別主義者によって爆破され、この街は（bombing［爆破］をもじった）"ボミンガム"というニックネームで呼ばれていた。マーティン・ルーサー・キング・Jr. 牧師は、1963年にバーミンガムに赴き、人種隔離と人種差別に反対する抗議活動を指揮すれば、逮捕されることを承知していた。

　彼はすぐに逮捕され、独房に入れられた。彼が獄中にいるとき、リベラル派の白人聖職者たちは、地元紙『バーミンガム・ニュース』に、抗議活動を「時期尚早」と批判する書簡を発表した。彼らは、社会を変えるには時間がかかるのに、キング牧師はあまりにも急ぎすぎたと書いた。もちろんキング牧師も聖職者であり、同じキリスト教徒であった。

　それに対してキング牧師は、アメリカ史上最も力強い手紙の一つを書いた。彼は筆記用紙を持っていなかったので、新聞の余白に書き始め、訪問者によってこっそり持ち込まれた紙切れに文章を書き加えた。最終的に、この手紙は20ページにも及び、アメリカの政治的文章として最高峰の作品となった。それは、アメリカ黒人の大義の緊急性を告げる証しであった。

1963年8月28日、ワシントンDCの大観衆の前でマーティン・ルーサー・キング・Jr. は、「私には夢がある」（I have a dream）のスピーチを行った。
写真：AP／アフロ

"Perhaps it is easy for those who have never felt the **❽**stinging **❾**darts of segregation to say, 'Wait,' but when you have seen vicious mobs lynch your mothers and fathers **❿**at will and drown your sisters and brothers **⓫**at whim; when you have seen hate-filled policemen curse, kick and even kill your brothers and sisters; when you see the vast majority of your 20 million Negro brothers **⓬**smothering in an airtight cage of poverty in the midst of an affluent society ... then you will understand why we find it difficult to wait."

The "letter" was smuggled out bit by bit, and typescripts and writing paper were smuggled back in. The "letter" was deeply felt. It was addressed to white liberals and called for direct action. It is one of the classic statements of the freedom movement. It did not reach the outside world until more than a month later. It was published in a number of newspapers and magazines and in book form in 1964 as *Why We Can't Wait*.

Anyone who has even a vague awareness of the evils of slavery, the cruelty of **⓭**Jim Crow **⓮**segregation and the struggles of the Civil Rights Movement knows Dr. Martin Luther King Jr. delivered the powerful "I Have a Dream" speech in front of the Lincoln Memorial in Washington, D.C., in 1963. The original manuscript for the speech was carefully discussed among the leaders of the protest. But midway into the speech, King switched to parts of a speech he had given many times in other places. It was that magical change in which he expressed his hope that one day all people would be judged not by the color of their skin but by the content of their character. As perhaps the most visible leader of the Civil Rights Movement, he is known around the world.

---

❽ stinging: 刺すような

❾ dart: ダーツの矢、投げ矢

❿ at will: 気の向くままに、したい放題に

⓫ at whim: 気まぐれで、勝手気ままに

⓬ smother: 窒息する、息が詰まる

⓭ Jim Crow: ジム・クロウ法、黒人差別法
　※ 1870年代以降の、アメリカ南部の黒人に
　対する、差別的な法律の総称。p. 48参照

⓮ segregation: 分離、（人種間の）隔離

「おそらく、隔離の鋭い矢を感じたことのない人たちにとっては、『ちょっと待て』と言うのは簡単だろう。しかし、凶暴な暴徒がしたい放題にあなた方の母親や父親をリンチし、気の向くままにあなた方の姉妹や兄弟を溺死させるのを目の当たりにしたとき、憎悪に満ちた警官があなた方の兄弟や姉妹をののしり、蹴り、さらには殺すのを見たとき、2000万人の黒人の同胞の大多数が、豊かな社会の真ん中で、貧困という密閉されたおりの中で窒息しているのを目にしたとき……そのとき、なぜ私たちがもう待てないと感じるのか、理解できるだろう」。

「手紙」は少しずつひそかに持ち出され、タイプで清書された原稿と筆記用紙が再びこっそり持ち込まれた。この「手紙」には深い思いが込められていた。白人のリベラル派に宛てたもので、直接行動を呼びかけている。これは自由運動の古典的な声明の一つである。それが外の世界に届いたのは、ひと月以上後のことだった。多くの新聞や雑誌に掲載され、1964年には『黒人はなぜ待てないか』として書籍化された。

奴隷制度の害悪、ジム・クロウ法による人種隔離の残酷さ、公民権運動の闘いについて漠然とでも知っている人なら誰でも、マーティン・ルーサー・キング・Jr.牧師が1963年にワシントンDCのリンカーン記念堂の前で力強い「I Have a Dream（私には夢がある）」の演説を行ったことを知っている。この演説の原稿は、抗議活動のリーダーたちの間で慎重に話し合われた。しかし、スピーチの途中でキング牧師は、他の場所で何度も行ったスピーチの一部に切り替えた。それは、いつの日かすべての人々が肌の色ではなく、人格の中身によって判断されるようになることへの希望を表明した、あの魔法のような変更だった。おそらく公民権運動の最も有名な指導者として、彼は世界中で知られている。

NOTE

[原書の英語の難易度　★☆☆☆]

マーティン・ルーサー・キング・Jr.は、公民権運動の指導者になるつもりはなかったが、あっという間に運動の中心人物へと担ぎ上げられた。この「手紙」は、奴隷制度廃止後に黒人アメリカ人に保証されるはずだった平等な権利を最終的に与えるにあたって、「遅かれ早かれ」ではもはや許されない理由を分かりやすく説明している。「私には夢がある」は彼の最も有名な演説に違いないが、この「手紙」は彼の信念を最もダイナミックに表現したものである。

『黒人はなぜ待てないか』「私には夢がある」(演説)
マーティン・ルーサー・キング・Jr.著／1964年刊

1963年4月12日、キング牧師（1929-'68）がアラバマ州の大規模デモ禁止法違反で逮捕されたことを受け、バーミンガムの聖職者8人は、その直接的な行動戦略を非難した。これに対するキング牧師の返信の手紙は、「バーミンガムからの手紙」としてガリ版刷りで配布された後、定期刊行物に掲載されるなど、さまざまな形で公開された。その1年後、キング牧師はこの「手紙」を改訂し、1964年のバーミンガム・キャンペーンに関する回想録 Why We Can't Wait の一章として発表した。

31 The Scarlet Letter, by Nathaniel Hawthorne
─The Letter A for Adultery─

This novel takes place in a ❶Puritan settlement near Boston, Massachusetts, during the early colonial days in America. The unnamed narrator is an employee at the ❷customhouse in Salem, a seaport outside of Boston. (As an ❸aside, Hawthorne himself was employed there.)

The narrator finds a set of documents in the ❹attic of the building, including a ❺bundle of manuscripts with a patch of scarlet cloth bearing a capital letter "A." Written by a previous employee some two centuries earlier, it gives details of an event that occurred during that employee's time at the customs post. When that earlier employee had lost his job, he wrote a fictional account of the events in the manuscript.

Hester Prynne is sent to America from England ahead of her husband — a much older man — but he never arrives in America. It is assumed that he was lost at sea, but no one knows for sure. Nevertheless, Hester gives birth to a little girl, whom she names Pearl, a name conveying purity.

The conservative community's leaders assume she has had an affair with someone. Bearing a child out of ❻wedlock was ❼adultery, a sin punished by ❽imprisonment. She is forced to wear the scarlet letter "A" on her breast as a symbolic punishment for "Adultery."

She will not confess who her lover is. One day she is led to the town ❾scaffold to be forced to tell who the father of her child is. In the crowd is the missing husband, who has settled in Boston and uses the name Roger Chillingworth. Only Hester knows his true identity.

---

❶ Puritan settlement: ピューリタンの入植地 ※p. 48参照

❷ customhouse: 税関 ※5行下のcustoms post も同じ

❸ aside: 余談

❹ attic: 屋根裏部屋

❺ bundle: 束、包み

❻ wedlock: 婚姻関係

❼ adultery: 不貞、姦通

❽ imprisonment: 投獄

❾ scaffold: 処刑台

『緋文字』
ナサニエル・ホーソーン著
―Aの文字が示すもの―

　この小説の舞台は、植民地時代初期のアメリカ、マサチューセッツ州ボストン近郊のピューリタンの入植地である。無名の語り手は、ボストン郊外の港、セイラムの税関の職員だ（余談だが、ホーソーン自身もそこで働いていた）。

　語り手はその建物の屋根裏部屋で書類一式を見つける。その中には、大文字の"A"が書かれた、一枚の緋色の布が添えられた手書き原稿の束もあった。それは過去の職員によって2世紀ほど前に書かれたもので、その人物が税関に勤務していたころに起こった出来事の詳細が記されている。その以前の職員が職を失ったとき、彼は手書き原稿に書かれていた出来事を架空の物語としてまとめたのだ。

　ヘスター・プリンは、かなり年上の夫より先にイギリスからアメリカに送られたが、彼がアメリカに到着することはなかった。海で行方不明になったものと思われたが、確かなことは誰にも分からなかった。それにも関わらず、ヘスターは小さな女の子を産み、純潔を意味するパールと名付ける。

　保守的なコミュニティーの指導者たちは、彼女が誰かと関係を持ったと考える。婚外子を産むことは姦通であり、投獄によって罰せられる罪であった。彼女は罰として、胸にAdultry（姦通）を象徴する緋色の文字"A"を付けることを強要される。

　彼女は恋人が誰であるかを告白しない。ある日、彼女に子どもの父親が誰なのかを強制的に言わせようとし、彼女は町の処刑台に連れて行かれる。群衆の中には、行方不明の夫の姿もあった。彼はボストンに居を構え、ロジャー・チリングワースという名を使っている。ヘスターだけが彼の正体を知っているのだ。

NOTE

［原書の英語の難易度　★★★★］

読者はヘスターとパール、そして子どもの父親とおぼしき聖職者に、ある種の純粋さを認めざるを得ない。「罪」とは何かを考えさせられ、母娘を見下すことを、なぜ共同体が正当化しているのかに思いをはせる。また、彼らを取り巻くさまざまな人物は残酷で辛辣（しんらつ）だ。これは「個人」対「社会」という、遠い昔の話のようにも見えるが現代にもそのまま通じる問題を提示している。これが、本作品が長らく、多くの高校の課題図書となっている理由だ。

Hester works as a ⑩seamstress in order to raise her daughter ⑪singlehandedly. Pearl becomes a ⑫spirited young girl. They are ⑬shunned by the community, and at one point, the local people attempt to take Pearl away from her mother. With the help of a young ⑭minister named Arthur Dimmesdale, the mother and child remain together.

Dimmesdale suffers from heart problems caused by psychological stress. Chillingworth, now a doctor, eventually moves in with Dimmesdale, who becomes his patient. Chillingworth suspects that there is a connection between Hester's secret and Dimmesdale's ⑮distress. Chillingworth discovers some kind of mark on his patient's chest that convinces him that the minister might be involved with Hester.

Over the years, Hester's ⑯humility and charitable acts ease the ⑰scorn from the community's criticism. But Dimmesdale continues to punish himself for his sins. One night, Hester and Pearl find him on the town scaffold, punishing himself. Hester and Pearl join him and the three link hands, a symbol of their true relationship.

Will Dimmesdale publicly acknowledge that he is Pearl's father? Will the three become a family in some other community? Will Chillingworth be recognized as the ⑱negligent husband who has ⑲tormented Hester and Dimmesdale out of ⑳sadistic motives? The story comes to a complex conclusion. However, I will leave it up to the reader to discover the ㉑astounding end of the story!

---

⑩ seamstress: お針子
⑪ singlehandedly: 独力で
⑫ spirited: 元気のいい、活発な
⑬ shun: 〜を遠ざける
⑭ minister: 聖職者、（プロテスタントの）牧師
⑮ distress: 苦悩、謙虚さ

⑯ humility: 謙遜
⑰ scorn: 軽蔑、あざけり
⑱ negligent: 怠慢な、配慮を怠った
⑲ torment: 〜を苦しめる
⑳ sadistic: 加虐的な、いじめるような
㉑ astounding: 仰天させるような

　ヘスターは女手ひとつで娘を育てるため、お針子として働く。パールは元気な少女となる。二人は地域社会から疎まれ、ある時、地元の人々はパールを母親から連れ去ろうとする。アーサー・ディムズデールという若い牧師の助けもあり、母子は一緒に暮らし続ける。

　ディムズデールは精神的ストレスからくる心臓病を患う。医師となったチリングワースは、やがてディムズデールと同居し、ディムズデールは彼の患者となる。チリングワースは、ヘスターの秘密とディムズデールの苦悩に関係があるのではないかと疑う。チリングワースは患者の胸に印のようなものを見つけ、牧師がヘスターと関係があると確信する。

　何年にもわたって、ヘスターの謙虚さと慈善行為は、地域社会からの軽蔑を和らげる。しかし、ディムズデールは自分の罪を責め続けた。ある夜、ヘスターとパールは、町の処刑台で自らを責めている彼を見つける。ヘスターとパールは彼のもとに行き、三人は、彼らの本当の関係を象徴するように手をつなぐ。

　ディムズデールは自分がパールの父親であることを公に認めるのだろうか？　三人はどこか別の場所で家族になるのだろうか？　チリングワースは、残忍な動機からヘスターとディムズデールを苦しめた、妻をないがしろにする夫ということになるのだろうか？　物語は複雑な結末を迎える。しかし、その驚くべき結末の発見は読者に委ねたい！

ナサニエル・ホーソーン（1804-'64）。
写真：Everett Collection／アフロ

『緋文字』
ナサニエル・ホーソーン著／1850年刊

17世紀のボストンのピューリタン社会を舞台に繰り広げられる、アメリカのゴシック・ロマンス小説の傑作で、ホーソーンの代表作。夫を裏切り、不義の子を宿したヘスター・プリンは、その父親の名を明かすことを拒み、贖罪のために胸に赤いＡの文字を付けることを命じられる。彼女は悔恨を胸に秘め、尊厳を持って新しい人生を始めようとするが……。

32 "The Lottery," (short story) by Shirley Jackson
—Cruelty and Inhumanity in Everyday Society—

First published in 1948, this short story remains so ❶relevant that a New York Times ❷editorial in 2023 ❸contends that it shows how great writing may entertain and ❹enlighten us but can also ❺unsettle us with its moral.

In a small fictional village, the community gathers every June for an ancient ritual. No one can remember how the ❻ritual started, but the 300 or so villagers maintain it as part of their tradition, thinking it ❼has something to do with promoting a good harvest. They quote an old local proverb, "❽Lottery in June, corn will be heavy soon," which suggests that maintaining the tradition is important.

The lottery is held to choose one person. That is all we know. The local people are both excited and nervous on the day of the event. The night before the lottery, village leaders prepare one paper slip for each family in the community and store them in an old wooden box overnight.

The next morning at 10:00, in order to complete the lottery before lunchtime, the villagers all gather together. The head of each family draws one ❾slip of paper from the box. They don't ❿unfold the slips until every family representative has drawn one. Each lot except one has no mark on it.

---

❶ relevant: 今日的な意義を持つ

❷ editorial: 社説

❸ contend that ～: ～と主張する

❹ enlighten: ～を啓発する

❺ unsettle: ～を乱す、～を不安にする

❻ ritual: 儀式

❼ have something to do with ～: ～と何かしらの関係がある

❽ lottery: くじ引き　※最終行のlotは「くじ」

❾ slip: 紙片、細長い一片

❿ unfold: ～（折りたたまれていたものを）開く、～をほどく

「くじ」（短編）
シャーリイ・ジャクソン著
―日常社会における残酷さと非人間性―

1948年に発表されたこの短編小説は現代にも十分通じる作品であり、2023年の「ニューヨーク・タイムズ」紙の社説では、優れた文章が読者を楽しませ、啓発しながら、その道徳性によって読者の心をかき乱すこともできる例だと述べられている。

ある小さな架空の村で、毎年6月になるとそこでは古くからの儀式のために皆が集まる。その儀式の起源は誰も覚えていないが、約300人の住民は、この儀式が豊作を促すのに関係していると考え、伝統の一部として維持している。彼らは「6月にくじを引けば、トウモロコシはすぐに重くなる」という地元の古いことわざを引用するが、これは伝統の維持が重要であることを示唆している。

くじ引きはある一人を選ぶために行われる。読者が分かるのはそれだけだ。地元の人々は当日、興奮と緊張の両方を味わう。くじ引きの前夜、村のリーダーたちは集落の各家庭に1枚ずつ紙を用意し、古い木箱に一晩入れておく。

翌朝10時、昼食前にくじ引きを終わらせるため、村人全員が一堂に会する。各家庭の代表が箱から紙を1枚ずつ引く。全世帯の代表者がくじを引くまで、彼らは紙を広げない。1枚を除いて、どのくじにも印はない。

NOTE

[原書の英語の難易度　★☆☆☆]

何十年もの間、アメリカの読者はこの物語を死刑廃止の呼びかけに当てはめたり、18～25歳までの若者を無作為に選んでベトナムで兵役に就かせる制度の道徳性を問うための引き合いに出したりしてきた。第二次世界大戦で徴兵された1000万人のアメリカ人男性を連想する人もいる（彼らのうち40万人が死亡した）。

But Bill Hutchinson's slip has a dot on it, meaning that his family has been chosen. Then the Hutchinson family has a second lottery among themselves: husband, wife and three children. Each of the five draws a slip. It is Tessie, the wife and mother, who gets the marked slip.

We are told earlier that while the adults have been making the preparations, the village children have been gathering stones into piles. Then we find out what the stones are for: They are used for **⓫**stoning the chosen person to death.

The power of the story lies in the "**⓬**mob psychology" that leads people to **⓭**set aside **⓮**reason and act with **⓯**cruelty as part of a large group. On a simple level, it describes "**⓰**bullying" in schools, in the workplace and even in the home. That the event takes place in such an ordinary town **⓱**hints that evil and violence can take place anywhere, and in any situation. The fact that friendly neighbors, gathered together on a pleasant summer day, can suddenly participate in the killing of a neighbor makes this even more **⓲**unsettling.

The story **⓳**points to how the blindness of simply following tradition without knowing what it means can lead to violence and reveals general **⓴**inhumanity in **㉑**seemingly normal people.

This story is considered by many to be one of the most famous short stories in American literature.

⓫ stone: 〜に石を投げつける、〜に石をぶつけて殺す

⓬ mob: 暴徒、群衆

⓭ set aside 〜: 〜をわきへ置く

⓮ reason: 理性

⓯ cruelty: 残酷さ

⓰ bullying: いじめ

⓱ hint that 〜: 〜をほのめかす

⓲ unsettling: 動揺させるような、不安にするような

⓳ point to 〜: 〜を暗示する、〜を指さす

⓴ inhumanity: 冷酷さ、非人道

㉑ seemingly: 一見したところ、見たところ

しかし、ビル・ハッチンソンの紙片には黒丸があり、それは彼の家族が選ばれたことを意味する。続いてハッチンソン一家は、家族の中で2回目のくじ引きを行う。夫、妻、そして3人の子どもたちだ。5人のそれぞれが、1枚の紙を引く。印のついた紙片を手にしたのは、妻であり母であるテシーだ。

私たち読者はそれに先立ち、大人たちが準備をしている間、村の子どもたちが石を集めていくつかの山に積み上げていたことを知らされている。ここで私たちは、石が何のためのものなのかを知ることになる。選ばれた人に投げて殺すためのものだ。

この物語の力強さは、人々が理性を捨て、大きな集団の一員として残酷な行動に出る「群集心理」にある。単純なレベルで言えば、本作が描くのは学校、職場、そして家庭における「いじめ」だ。この事件がごく普通の町で起きているということは、悪や暴力はどこででも、どんな状況でも起こりうることを示唆している。気持ちのよい夏の日に集まった、仲の良い隣人たちが、突然、1人の隣人の殺害に加担し得るという事実が、このことをさらに不穏なものにしている。

このストーリーは、その意味を知らずにただ伝統に従うことの盲目性が、いかに暴力につながるかということを示し、一見普通に見える人々が普遍的に持つ冷酷さを暴き出している。

この物語は、アメリカ文学で最も有名な短編の一つだと考える人は多い。

「くじ」（短編）
シャーリイ・ジャクソン著／1948年刊

『6月にくじ引きゃ、とうもろこしがじき実る』という言い伝えのある牧歌的な村で、毎年恒例のくじ引きが広場で催される。子どもたちはその横で、石を集めて積んでいる——1940～'60年代のアメリカの人気作家、シャーリイ・ジャクソン（1916-'65）による、ごく普通の人の心の底にある異常性と残酷さ、悪意をあぶりだした、わずか数ページの傑作短編小説。『ザ・ニューヨーカー』誌に掲載された本作品は、その強烈な内容にショックを受けた読者から投書が殺到して大きな反響を呼んだ。

Chapter

7

📖

個人と社会

33 *The Old Man and the Sea,* by Ernest Hemingway

—An Epic Life Struggle—

Ernest Hemingway's most accessible work and a standard American school text, *The Old Man and the Sea* describes the trials of an aging fisherman, the greatest ❶catch of his life, battles with ❷marauding sharks and a boy who ❸is devoted to him.

The aging Cuban fisherman Santiago daily sets out in his small boat to earn his living by catching and selling fish. A boy named Manolin had been faithfully helping him since he was very young, but after Santiago failed to catch any fish for a long time, Manolin's parents make him go to work on a more ❹prosperous boat. Despite this, the boy helps the old man at the end of each day, carrying his fishing ❺gear, finding food for his supper and cheering him up by chatting about American baseball, especially the struggles of their hero ❻Joe DiMaggio.

After 84 days without a significant catch, one would be tempted to ❼surrender to fate, but the old man remains confident that his bad luck will soon end. One day he sails out farther than usual, hoping he can change his luck. He wants to prove that he is still a man — one who can endure and overcome age, pain, exhaustion and failure.

After sailing beyond the island's shallow waters, he sets his ❽fishing lines deep in the ocean, and at midday, a big fish strikes. Santiago successfully ❾hooks the fish, which he senses to be a valuable ❿marlin.

---

❶ catch: 捕獲物、漁獲

❷ maraud: ～を略奪する、～を襲撃する

❸ be devoted to ～: ～に献身的な、～に忠実な

❹ prosperous: 成功している、繁栄している

❺ gear: 道具、用具

❻ Joe DiMaggio: ジョー・ディマジオ ※アメリカのプロ野球選手（1914-'99）。ニューヨーク・ヤンキース在籍中、チームの9回の ワールドシリーズ制覇に貢献。この小説が書かれた翌年、引退した

❼ surrender to ～: ～に身を任せる、～に屈服する

❽ fishing line: 釣り糸

❾ hook: ～を引っかける、～を釣り上げる

❿ marlin: カジキ

『老人と海』
アーネスト・ヘミングウェイ著
―壮絶な命懸けの闘い―

　ヘミングウェイの最も親しみやすい作品であり、アメリカの学校教科書の定番でもある『老人と海』は、年老いた漁師の試練、人生最大の獲物、襲い来るサメとの戦い、そして彼に献身する少年を描いている。

　年老いたキューバの漁師サンチャゴは、魚を捕って売ることで生計を立てるため、毎日小舟で漁に出る。マノリンという名の少年が、幼い頃から彼を忠実に手伝ってきた。しかし、サンチャゴは長い間魚を捕ることができなかったため、マノリンは両親からもっと稼ぎのいい船で働くように言われる。にも関わらず、少年は毎日の終わりに老人を手伝う。漁具を運び、夕食のための食料を見つけ、アメリカの野球、特に彼らのヒーロー、ジョー・ディマジオの苦闘についておしゃべりして老人を元気づける。

　84日間も目立った釣果に恵まれないとなると、人は運命に屈服したくなるが、老人は自分の悪運がすぐに終わると信じている。ある日、彼は運命を変えられることを願いながら、いつもより遠くまで出航する。彼は、自分がまだ男であること――老い、痛み、疲労、失敗に耐え、それを克服できる男であることを証明したいのだ。

　島の浅瀬の向こうまで行き、海中深く釣り糸を垂らすと、真昼に大きな魚がかかる。サンチャゴはその魚を針にかけることに成功し、それが価値の高いカジキであることを察知する。

NOTE

［原書の英語の難易度　★★☆☆］

　ヘミングウェイの文章はシンプルで読みやすいことで知られている。冗長さや通常の意味での「文学」らしさはない。複雑な文法構造も優雅な語彙もなく、簡潔である。しかし、彼の長・短編の多くは、人間が共感できる根源的な問題を扱っているため、心を強く揺さぶる。もちろん、小舟で何日も釣りに出かけ、巨大なカジキを釣り上げ、サメとの闘いに力を振り絞り、見事な魚の骨だけを手に帰ってきた経験を持つ読者はいないだろう。しかし、この老人が成し遂げたこと、そして彼の闘いに読み手一人ひとりが自身を投影せざるを得ないことに、深い感動を覚える。そこに優雅な文体は必要ない。

But instead of Santiago pulling the fish in, the large fish pulls the boat. This goes on day and night for two full days. Exhausted and injured as a result of pulling the fishing line, Santiago ironically feels admiration and empathy for the great fish. He and the fish are both suffering but they both have strength and determination.

❶ Deprived of sleep and aching from sore muscles, on the third day Santiago manages to bring the marlin up and kill it and tie it to his boat. He sails for home looking forward to the high price the marlin will bring. But his troubles are not over. Sharks attack his great marlin. One after another, they completely consume the marlin's precious meat. When Santiago finally arrives at his dock, he ties his boat, goes home and collapses.

The following morning, villagers find the ❷ skeleton of the huge fish tied to his boat. Manolin races to Santiago's ❸ shack and finds him safe in bed. The boy brings him coffee and newspapers with the baseball scores, and when he wakes, they agree to be partners once again.

The old man's struggles illustrate how one has to face hard times and endure losses while yet remaining undefeated and undiscouraged. He respects the fish, too, for its endurance during their struggle.

Hemingway's "old man" conveys truths about human trials. Ultimately, Santiago has failed, but his suffering ❹ takes on a kind of ❺ redemptive power. There is purpose and a degree of ❻ contentment in continuing the struggle, despite what the results might be.

---

❶ deprived of 〜: 〜を奪われて
❷ skeleton: 骨格
❸ shack: 掘っ立て小屋

❹ take on 〜: 〜を持つようになる、〜を帯びる
❺ redemptive: 救済の、贖罪(しょくざい)の
❻ contentment: 満足（感）

しかしサンチャゴが魚を引き上げるのではなく、大きな魚が舟を引っ張る。これが丸2日間、昼も夜も続く。釣り糸を引いた結果、疲労困憊し、けがを負ったサンチャゴは、皮肉にもこの巨大魚に称賛と共感を覚える。彼も魚も苦しんでいるが、どちらも強さと決意を持っているのだ。

睡眠不足と筋肉痛の中、3日目、サンチャゴはなんとかカジキを舟に上げ、仕留めて舟にくくりつける。カジキがもたらす高値を楽しみに、彼は舟を港へ向けて帰路につく。しかし、彼の苦闘は終わらない。サメが彼の大きなカジキを襲うのだ。サメは次から次へとカジキの貴重な肉を食い尽くしてしまう。ようやく波止場に到着したサンチャゴは、舟をつないで家に帰り、倒れてしまう。

翌朝、村人たちは彼の舟にくくりつけられた巨大魚の骨格を発見する。マノリンがサンチャゴの小屋に駆けつけると、彼はベッドで無事に寝ていた。マノリンはコーヒーと野球のスコアが載った新聞を持って行き、老人が目を覚ますと、二人は再びパートナーになることに同意する。

老人の奮闘ぶりは、人がいかに困難に立ち向かい、負けを耐え忍びながら、それでも挫折もせず、落胆もせずにいなければならないかを物語っている。老人は魚に対しても、闘いにおける忍耐に敬意を払う。

ヘミングウェイの「老人」は、人間の試練についての真実を伝えている。最終的にサンチャゴは失敗したが、彼の苦しみは一種の救済の力を持つ。結果がどうであろうと、闘いを続けることには目的があり、いくばくかの満足感があるのだ。

『老人と海』
アーネスト・ヘミングウェイ著／
1952年刊

刊行の翌年の1953年にピュリツァー賞を受賞した短編小説。ヘミングウェイ（1899-'61）最後の代表作。物語の中心は、巨大なカジキを釣り上げるために壮絶な戦いを繰り広げる、かつて腕利きとして名を馳せた、老いた一人の漁師。1958年にはスペンサー・トレイシー主演で映画化され、大好評を博した。なおヘミングウェイがノーベル文学賞を受賞したのは、この作品の高評価によるものとされている。

34 One Flew Over the Cuckoo's Nest, by Ken Kesey
— Challenging Common Views of Sanity and Insanity —

The word "cuckoo" is an informal word for "crazy," and in this novel, the "cuckoo's nest" is a mental hospital. Written at the beginning of the ❶"counterculture" of the 1960s, the novel is an allegory of the ❷repression and ❸conformity of 1950s America. The hospital is a metaphor for American society as a whole.

The story is told by Chief Bromden, a half-Native American patient, who suffers from ❹schizophrenia and ❺paranoia. Chief pretends to be both deaf and mute. It is a strategy that allows him to become "invisible," free from social interaction, and able to learn about what happens in the hospital, a symbol of society in general. He tells us about the arrival of Randle McMurphy, a ❻rebellious patient, in the psychiatric ward of repressive Nurse Ratched, who maintains tight control over the patients — all men.

The patients, including Chief Bromden, are ❼submissive to Nurse Ratched's ❽emasculating humiliation. McMurphy initiates conflict by challenging her power over everything they do. He breaks the rules she has established and asserts his own independence and individuality. This affects the other patients, who have been ❾docile until then.

In one instance, McMurphy challenges her control over the time patients are allowed to watch television, because there is a baseball game being shown during the "therapy session." "Couldn't they change the schedule?" he asks. She naturally refuses.

---

❶ counterculture: カウンターカルチャー
　※p. 28参照
❷ repression: 抑圧、弾圧　※7行下に出てく
　る repressive は形容詞形で「抑圧的な」
❸ conformity: 順守、服従
❹ schizophrenia: 統合失調症

❺ paranoia: 偏執症、妄想性障害
❻ rebellious: 反抗的な
❼ submissive: 従順な
❽ emasculating: 無気力にするような
❾ docile: 従順な、聞き分けの良い

『カッコーの巣の上で』
ケン・キージー著
─正気と狂気の常識を覆す─

「カッコー」とは「精神異常」を意味するくだけた言葉で、この小説では「カッコーの巣」は精神科病院のことである。1960年代の「カウンターカルチャー（反体制文化）」の始まりに書かれたこの小説は、1950年代アメリカの抑圧と服従の寓話である。病院はアメリカ社会全体のメタファーである。

物語は、統合失調症と妄想に苦しむ、先住民とのハーフの患者、チーフ・ブロムデンによって語られる。チーフは耳が聞こえず、口も利けないふりをしている。それは彼が"透明人間"になるための戦略であり、そのおかげで社会的交流から解放されながら、社会全体の象徴である病院で何が起こっているのかを知ることができる。彼は、抑圧的なラチェッド婦長が患者（全員男性）を厳しく管理する精神科病棟に、反抗的な患者ランドル・マクマーフィーがやってきたと語る。

チーフ・ブロムデンを含む患者たちは、相手の気力を奪い取るラチェッド婦長の屈辱に甘んじている。マクマーフィーは、患者の行動すべてに対する彼女の権力に挑戦することで、対立を引き起こす。彼は彼女がつくってきた規則を破り、自分の独立性と個性を主張する。このことは、それまでおとなしかった他の患者たちにも影響を与える。

ある時、マクマーフィーは、患者がテレビを見ることが許される時間について、彼女の支配に異議を唱える。「セラピーセッション」の時間に野球の試合をやっているからだ。「スケジュールを変更できないのか？」と彼は尋ねる。彼女は当然拒否する。

映画『カッコーの巣の上で』(1975) より。
写真：Everett Collection／アフロ

But McMurphy wanders over to the dark screen of the television and begins to give commentary on the imaginary game they are not allowed to see. The other men join his attempt at ❿resistance. Chief begins to recognize that McMurphy is slowly pulling all of the men out of "The Combine," the system which is ⓫demeaning and which denies them as human beings.

Nurse Ratched's domination breaks down under the influence of McMurphy and she sees him as a threat. The men, however, are already becoming more independent. The ⓬climactic event comes when Billy Bibbit, who has been changed by McMurphy, commits suicide after Nurse Ratched humiliates him. ⓭In retaliation, out of hatred for her cruelty, McMurphy attempts to strangle her. He succeeds in silencing her, but ends up being ⓮lobotomized. As a result, he loses his unique personality, his individuality and his free will. He has fought against the system and lost.

The other patients are no longer resigned to accepting the old ⓯status quo, which crushes individuals, and Nurse Ratched no longer has absolute control over the patients. Unable to bear seeing the lobotomized McMurphy, who is a ⓰vegetable now, Chief ⓱suffocates him with a pillow, allowing him to die with a degree of dignity, not leaving him under Nurse Ratched's power. Chief has recovered his previous physical strength — thanks to McMurphy's influence — and he uses it to break through a window and escape from the hospital. This "cuckoo" escapes "the nest."

---

❿ resistance: 抵抗して、反抗して

⓫ demeaning: 屈辱的な、品位を傷つける

⓬ climactic: 最高潮の、クライマックスの

⓭ in retaliation: 報復として

⓮ lobotomize: ロボトミー（脳の一部を切除する手術）を施す

⓯ status quo: 現状維持

⓰ vegetable: 植物状態の患者

⓱ suffocate: ～を窒息死させる

しかし、マクマーフィーはテレビの暗い画面へと歩いていき、見ることを許されない試合を想像しながら解説を始める。他の男たちも彼の抵抗に加わる。チーフは、マクマーフィーが男たち全員を、彼らの人間性を矮小化し、否定するシステムである"コンバイン"から徐々に引きずり出そうとしていることを認識し始める。

ラチェッド婦長の支配はマクマーフィーの影響を受けて崩壊し、彼女は彼を脅威と見なす。しかし、男たちはすでに自立しつつある。クライマックスとなる事件は、マクマーフィーによって変えられたビリー・ビビットが、ラチェッド婦長に自尊心を攻撃された後に自殺したときに起こる。その報復として、彼女の残酷さへの憎しみから、マクマーフィーは彼女の首を絞めようとする。彼は彼女を黙らせることに成功するが、ロボトミー手術を受けさせられてしまう。その結果、彼はその類いまれな個性、人格、自由意志を失う。彼はシステムと戦い、そして負けたのだ。

他の患者たちは、個人をつぶすような古い現状を変えることをもう諦めはせず、そしてラチェッド婦長はもはや患者を絶対的に支配することはできない。ロボトミー手術を受け、植物状態になったマクマーフィーを見るに忍びないチーフは、枕を当てて彼を窒息させ、ラチェッド婦長の力が及ばぬよう、いくばくかの尊厳を保った死を迎えさせる。チーフはマクマーフィーの影響でかつての力強さを取り戻し、それを使って窓を破り、病院から脱出する。この"カッコウ"は"巣"から脱出するのである。

NOTE

［ 原書の英語の難易度　★★☆☆ ］

この物語は、体制への順応を強いられた保守的な1950年代と、1960年代初頭に登場する、自己表現と自立を求める若者たちとの間の権力闘争、という側面もある。本の読者も、同名の映画を見た人も、作品を味わう過程でそのことが次第に理解できるようになる。

『カッコーの巣の上で』
ケン・キージー著／1962年刊

刑務所での強制労働を逃れるため、精神障害者を装って精神科病院にやってきたマクマーフィー。そこはラチェッド婦長が厳格な規則と薬物投与で管理支配する病棟だった。彼は婦長の支配に挑み、やがて、無気力だった患者たちも勇気と自由の喜びを取り戻していくが——。キージー（1935-2001）のデビュー作で、当時の若者が読むべき三大バイブルの一つとも評された。1975年にはジャック・ニコルソン主演で映画化されメガヒットとなり、映画史に名を刻んだ。

35 📖 *1984,* by George Orwell

—2 + 2 = 5—

George Orwell in many ways predicted the present in this 1949 novel. It conveys a powerful message about a frightening world where everyone is controlled by something unseen. No one remembers the past and no one thinks independently. People have to believe what a ❶supposedly ❷omniscient figure known as Big Brother, the leader of a group called the Party, tells them.

The powerful Party forces everyone to use an invented language called "Newspeak," which monitors public and private speech and eliminates any mention of protest or ❸rebellion against the Party. Furthermore, "thought police" keep people from even thinking about rebellion and prevent any attempt to think as an individual. The Party monitors everyone through "telescreens." Society is highly repressive.

The ❹protagonist, Winston Smith, feels frustration under the control ❺exerted by the Party. Ironically, he works in the Ministry of Truth, whose function is to change historical records so that they promote the Party's objectives.

He mistakenly thinks that a character named O'Brien is a member of a secret Brotherhood that is seeking to cut the bonds of the Party. One day, O'Brien hands him a manifesto of the Brotherhood and gradually ❻indoctrinates Winston into its class-based social theory. But it is all a trick. O'Brien is a spy who ❼traps Winston into committing an act of rebellion against the Party.

---

❶ supposedly 〜: 〜と思われる、〜と言われている

❷ omniscient: 全知の、博識の

❸ rebellion: 反乱、謀反、抵抗

❹ protagonist: 主人公

❺ exert: 〜（影響力や権力）を行使する、〜を振るう

❻ indoctrinate: 〜を洗脳する

❼ trap A into B: A をわなにかけて B させる、A を陥れて B に引きずり込む

『1984年』
ジョージ・オーウェル著
―2足す2は5―

　ジョージ・オーウェルは1949年刊行のこの小説で、多くの意味で現在を予言した。この小説は、誰もが目に見えない何かに支配されている恐ろしい世界について、力強いメッセージを伝えている。誰も過去を覚えておらず、誰も自力で考えることができない。人々は、「党」というグループのリーダーの、「ビッグ・ブラザー」と呼ばれる、全知全能とされる人物の言うことを信じなければならない。

　強力な「党」はすべての人に「ニュースピーク」と呼ばれる人工言語を使うことを強制し、公的・私的な言論を監視し、党に対する抗議や反抗の言葉は一切排除する。さらに、「思想警察」は、人々が反抗について考えることさえ妨げ、個人として考えようとする試みを阻止する。党は「テレスクリーン」を通してすべての人を監視している。社会は非常に抑圧的だ。

　主人公のウィンストン・スミスは、党による支配に不満を感じている。皮肉なことに、彼は党の目的を促進するように歴史的記録を変更することを職務とする「真理省」で働いている。

　彼は、オブライエンという人物が、「党」のしがらみを断ち切ろうとする秘密結社「ブラザー連合」のメンバーだと勘違いしている。ある日、オブライエンは彼に「ブラザー連合」のマニフェストを手渡し、次第にウィンストンを同連合の階級に基づく社会理論に洗脳していく。しかし、それはすべてトリックだった。オブライエンはスパイで、ウィンストンをわなにかけ、「党」への反抗行為をさせるのだ。

NOTE

［原書の英語の難易度　★★★☆］

　オーウェルの小説は、学校教科書における歴史の記述をめぐる争いを多くの国で70年以上もの間、目撃してきた現在でも、その意味を持ち続けている。主人公ウィンストンは、戦死した、実在しない兵士の話まで創作している。数行の印刷物を作り、偽の写真をあしらえば、この実在しない兵士が社会の模範となる。偽の写真、偽の身分、偽の情報などは、今日のSNSにおける現実にも通じる。個人の記憶が信頼できなくなり、SNSが虚偽を拡散し、検索エンジンのアルゴリズムが誤った情報を世間に広めるとき、『1984年』が私たち自身の世界の、極めて現実的な予測であったと感じずにはいられない。

Winston is ❽imprisoned, physically tortured and ❾brainwashed, although he tries to resist this treatment. In the end, Winston's spirit is completely broken. He cannot even answer for certain whether two plus two makes four. In some cases, he responds, the total may be five, because everything is ❿theoretical and there is no absolute truth.

Finally, he ⓫surrenders and answers that the total is whatever the Party decides. He has surrendered his individuality entirely and simply ⓬goes along with what he is told. Released from imprisonment, he accepts the Party doctrine and respects Big Brother. His own life has little value, except to serve the Party's wishes. In the battle between personal freedom and political ⓭repression, repression has won.

Winston reenters society as a loyal member of the Party. In the final moments of the novel, Winston reflects on his foolishness in challenging and doubting the Party. Now, he says, he has "won the battle" over himself. Now, he loves Big Brother.

Winston's job is to rewrite the events of the past in order to maintain a position of authority. The Party policy is that whoever controls the past controls the future. And whoever controls the present controls the past.

---

❽ imprison: 〜を投獄する、〜を監禁する
❾ brainwash: 〜を洗脳する
❿ theoretical: 理論的な、仮想の

⓫ surrender: 降伏する、身を委ねる
⓬ go along with 〜: 〜に迎合する
⓭ repression: 抑圧、弾圧

　ウィンストンは抵抗もむなしく、投獄され、肉体的拷問を受け、洗脳される。最後には、精神が完全に崩壊してしまう。彼は、2＋2が4になるかどうかさえはっきり答えられない。時には足した和が5かもしれないと答える、なぜならすべては理論的であり、絶対的な真実など存在しないからだ。

　最終的に、彼は降伏し、和は「党」が決めた通りの数だと答える。彼は自分の個性を完全に放棄し、ただ言われたことに従う。釈放された彼は「党」の教義を受け入れ、ビッグ・ブラザーを尊敬する。「党」の意向に従う以外、彼自身の人生にはほとんど価値がない。個人の自由と政治的抑圧の戦いで、抑圧が勝利したのだ。

　ウィンストンは忠実な「党」員として社会に復帰する。小説の最後の瞬間、ウィンストンは、「党」に異議を唱え、疑った自分の愚かさを振り返る。今、彼は自分自身との「闘いに勝った」と言う。今やビッグ・ブラザーを愛しているのだ。

　ウィンストンの仕事は、権威ある地位を維持するために過去の出来事を書き換えることだ。「党」の方針は、過去を支配する者が未来を支配するというものだ。そして現在を支配する者が過去を支配するのだ。

ジョージ・オーウェル (1903-'50)。
写真：AP／アフロ

『1984年』
ジョージ・オーウェル著／1949年刊

イギリス人作家ジョージ・オーウェルのディストピアSF小説。政府による監視、検閲、権威主義、全体主義によって統治された近未来世界の恐怖を描く。欧米での評価が高く、思想・文学・音楽などさまざまな分野に今なお多大な影響を与えている、近代文学の傑作の一つ。

36 "The Fall of the House of Usher," (short story) by Edgar Allan Poe

—Tension, Dread, and Fear—

One of America's most ❶versatile writers, Edgar Allan Poe is known for poems such as "The Raven" and masterly short stories that appeared in contemporary magazines. His stories, which are always mysterious and often filled with horror, remain on reading lists as literature and not as mere entertainment. This particular tale ❷weaves together a number of themes including a ❸premature death, a devastating storm, and a ❹descent into madness.

The nameless narrator comes to visit the gloomy estate of his childhood friend, Roderick Usher, on a dark, ❺spooky night. He has come at Roderick's request for ❻company and it seems clear that Roderick is suffering both emotional and physical illness.

The house itself is decaying and although the building is still solid, there is a crack in it from ground to rooftop. Once inside the house, the narrator discovers that Roderick is not simply nervous, but somewhat afraid of the house itself. Roderick's only ❼sibling Madeline has become ill with some mysterious ❽malady that causes her to lose control of her arms and legs.

---

❶ versatile: 多才な

❷ weave together: 紡ぐ、作る

❸ premature death: 早世、早死に

❹ descent: 下落、転落

❺ spooky: 不気味な、薄気味悪い

❻ company: 一緒にいること

❼ sibling: (性別を問わない) きょうだい

❽ malady: 病気

「アッシャー家の崩壊」（短編）
エドガー・アラン・ポー著
―緊張、重圧、そして恐怖―

アメリカで最も多才な作家の一人であるエドガー・アラン・ポーは、「大鴉」などの詩や、同時代の雑誌に掲載された傑作短編小説で知られている。常にミステリアスで、しばしば恐怖に満ちた彼の物語は、単なる娯楽としてではなく、文学として読書リストに載り続ける。特にこの作品は、早すぎる死、破壊的な嵐、狂気への転落など、多くのテーマを織り交ぜている。

名もなき語り手は、暗く不気味な夜に、幼なじみのロデリック・アッシャーの陰気な屋敷を訪ねる。彼はそばにいてほしいというロデリックの求めに応じてやって来たのだが、ロデリックが精神的にも肉体的にも病んでいるのは明らかなようだ。

家自体も朽ちかけており、建物はまだしっかり建ってはいるが、地面から屋上まで亀裂が入っている。家の中に入ると、語り手は、ロデリックが単に神経質になっているだけでなく、家そのものをどこか恐れていることに気づく。ロデリックの唯一のきょうだいであるマデリンは、手足の自由が利かない謎の病気にかかっている。

NOTE

[原書の英語の難易度 ★★★★]

本作品はゴシック風とよく言われるが、「ゴシック」という言葉は、12～16世紀にかけて一般的だった、高くとがったアーチや柱を含む建築を表すのに使われる一方、人けのない場所で起こる恐ろしい出来事や、そうした場所にある神秘的な建物についての物語を表す言葉でもある。この様式は19世紀初頭に流行した。ポーの物語の多くや、イギリスの小説家メアリー・シェリーの『フランケンシュタイン』は、ゴシック小説の代表例である。

The narrator does his best to entertain Roderick with music, reading stories, and telling tales, but nothing works. Roderick seems to think that the house itself is somehow unhealthy, just as the narrator has felt from the start. Madeline dies, and Roderick has her buried temporarily in the space below the house.

Roderick's own mental state begins to worsen. One night as the narrator reads a story to him, Roderick begins to hear sounds that match the descriptions in the story. Hysterical and about to ^❾collapse, Roderick ^❿mutters that they have buried Madeline alive and the sounds come from her attempts to escape her tomb.

Wind blows open the door ... and there stands Madeline in robes bloodied by her attempt to escape. With her last bit of energy, she attacks Roderick and he dies out of fear. The narrator is barely able to escape the house before the whole structure breaks into two and collapses.

We ^⓫are spooked by the bizarre story, but we are also entertained and challenged. We want to know what is reality and what is imagined, what causes Roderick's mental ^⓬anguish, whether Madeline actually exists, and what ^⓭curse has caused the house to be totally destroyed. The mystery is unsolved. But as readers we are invited to interpret the tale as an ^⓮allegory or merely as a ^⓯Gothic tale that we will remember clearly.

---

❾ collapse: 卒倒する、倒れ込む
❿ mutter: つぶやく、ぶつぶつ言う
⓫ be spooked by 〜: 〜にぞっとする
⓬ anguish: 苦痛、苦悩

⓭ curse: 呪い、不幸の元凶
⓮ allegory: 寓話
⓯ Gothic tale: ゴシック小説　※p. 48参照

　語り手はロデリックを楽しませようと、音楽をかけたり、小説を読み聞かせたり、物語をしたり、できる限りのことをするが、何もうまくいかない。ロデリックは、語り手が最初から感じていたように、この家自体がどこか不健康だと考えているようだ。マデリンが死に、ロデリックは彼女を家の地下室に仮埋葬する。

　ロデリック自身の精神状態が悪化し始める。ある夜、語り手がロデリックに物語を読み聞かせていると、物語の描写と一致する音が聞こえ始める。ヒステリーを起こして今にも倒れそうなロデリックは、自分たちがマデリンを生き埋めにしたので、この音はマデリンが墓から逃げ出そうとしている音だと言う。

　風でドアが開くと……そこには、脱出を試みて血まみれになったローブ姿のマデリンが立っていた。彼女が最後の力を振り絞ってロデリックに襲いかかると、彼は恐怖のあまり死んでしまう。語り手がかろうじて家から脱出するやいなや、家全体がまっぷたつに割れて崩壊する。

　読者はこの奇妙な物語にぞっとするが、その一方で楽しみ、考えもさせられる。何が現実で何が想像なのか、ロデリックの精神的苦痛の原因は何なのか、マデリンは本当に存在するのか、家を全壊させた呪いは何なのか。謎は未解決である。しかし、読者である私たちは、この物語の寓話としての解釈、あるいは単にゴシック物語としての解釈へと誘われ、それは後々まで鮮明に記憶に残るのだ。

「アッシャー家の崩壊」（短編）
エドガー・アラン・ポー著／1839年刊

エドガー・アラン・ポー（1809-'49）によるゴシック風の幻想小説。語り手は、ある日、幼なじみのロデリック・アッシャーの屋敷に招かれる。精神を病んでいるロデリックの相手をするうちに、館の中でさまざまな奇怪な出来事に出くわす。ポーの代表的な短編として知られており、ロデリックの妹マデリンの死と再生、えたいの知れない病や精神的苦痛、狂気への転落など、ポー作品を特徴づけるモチーフが散りばめられている。

37 "A Room of One's Own," (essay) by Virginia Woolf
—What Women Truly Require—

This ❶extended essay is based on two lectures that Virginia Woolf delivered at women's colleges at the University of Cambridge in 1928. The essay takes up the status of women in general and women artists in particular. The well-known point of the essay is that a woman must have money and a room of her own if she is to put her thoughts on paper and make them public. Having money implies not being dependent on one's family or one's husband and being completely free to develop ideas. Having "a room of one's own" means space — and time — to think and write without interruption.

Woolf ❷contends that ❸patriarchal society expects women to remain ❹chaste, to remain ignorant, to leave decisions to men, to take care of the house and to have children. This does not create an environment where women can express their own ideas, ❺much less write them down.

This injustice must be ❻eliminated to allow women to exercise their own intellectual abilities. To begin with, women must have an education, one that is equal to that which men ❼enjoy. It is not that women lack talent, but that they lack opportunities to develop their talents, specifically in writing. She warns her readers to make good use of their education and not ❽ let it go to waste.

---

❶ extended: 詳細な、長い
❷ contend: 強く主張する
❸ patriarchal: 家父長の、男性に支配された
❹ chaste: 貞淑な

❺ much less ～: まして～でない
❻ eliminate: 取り除く、除去する
❼ enjoy: ～を享受する
❽ let ～ go to waste: ～を無駄にする

「自分だけの部屋」（エッセー）
ヴァージニア・ウルフ著
―女性にとって真に必要なもの―

　この長文エッセーはヴァージニア・ウルフが1928年にケンブリッジ大学の女子学寮で行った2つの講義を題材にしており、一般的な女性の地位、特に女性芸術家の地位を取り上げている。このエッセーの有名な論点は、女性が自分の考えを紙に書いて公にするには、お金と自分の部屋を持たなければならないというくだりである。お金を持つということは、家族や夫に依存せず、完全に自由な発想を展開することを意味する。「自分の部屋」を持つということは、邪魔されることなく考え、書くためのスペースと時間を持つということである。

　ウルフは、家父長制社会が女性に貞淑であること、無知であること、決断を男性に委ねること、家の用事をすること、子どもを産むことを求めていると主張する。これでは女性が自分の考えを表現したり、ましてや書き留めたりできる環境は生まれない。

　女性が自らの知的能力を発揮するためには、この不公平を解消しなければならない。まず女性が、男性が享受しているのと同等の教育を受けなければならない。女性に才能がないのではなく、こと執筆に関しては才能を伸ばす機会がないのだ。彼女は読者に対し、教育を無駄にせず、有効に活用するよう警告している。

NOTE

［原書の英語の難易度　★★☆☆］

『カラーパープル』（p. 62）を書いたアリス・ウォーカーは、「自分の部屋」を持つ女性だけが書く立場にあるというウルフに反論した。ウルフ自身、彼女の社会においてもすべての女性がそのような安全な空間を持っているわけではないと述べたが、ウォーカーは有色人種の女性が被るさらなる排除について論じている。『母の庭を探して』（In Search of Our Mothers' Gardens: Womanist Prose／1983年刊）で、ウォーカーはこう書いている――

「ヴァージニア・ウルフは著書『自分だけの部屋』の中で、女性が小説を書くためには、2つのことが必要だと書いている。では、自分自身さえ所有していなかった、病弱な黒人奴隷のフィリス・ホイートリー（18世紀にアフリカ系アメリカ人女性として初めて詩集を出版した）をどう考えればいいのだろうか？　もし彼女が白人であったなら、当時の社交界ですべての女性、そしてほとんどの男性の知的優位に立つ人物であっただろうに」と。

Women portrayed in fiction by men may be loving and beautiful or evil and ugly, but that is only a male-created fiction. In reality, women are kept at home, dominated by their husbands and unable to express themselves. In fiction and in real life, women have been treated as second-class citizens.

Woolf asks us to imagine that William Shakespeare had a sister named Judith. Imagine that she has all of the gifts of her brother but is kept away from school and raised to stay home and do housework. She is punished for picking up a book instead of ❾tending to household chores. Then her parents attempt to ❿marry her off to someone she doesn't love. Instead, she runs away to London in hopes of becoming an actor. She is never given a chance because she is a woman. Eventually she commits suicide, while her brother becomes immensely famous.

The point Woolf makes is that financial independence, a private space (with a lock and key) and leisure are essential for writing.

Woolf then brings up ⓫Jane Austen, George Eliot and the Brontë sisters, commenting that they developed their skills by observing character and analyzing emotions. She claims that their novels tended to focus on women as mothers, daughters and wives and their relations to men. What she proposes is more attention to the ⓬depiction of relations between women, as a way of making full use of their talents. In other words, women, too, should ⓭claim the right to ⓮take up the full range of human experience.

She further encourages women not to limit themselves to fiction but to ⓯launch forth into poetry, literary criticism and scholarly works.

---

❾ tend to 〜: 〜に気を配る

❿ marry A off to B: A を B に嫁がせる

⓫ Jane Austin, George Eliot and the Brontë sisters: ジェイン・オースティン（1775-1817）、ジョージ・エリオット（1819-'80）、ブロンテ姉妹（シャーロット [1816-'54]、エミリー [1818-'48]、アン [1820-'49]）はそれぞれイギリスの作家

⓬ depiction: 描写、叙述

⓭ claim the right to 〜: 〜する権利を主張する

⓮ take up the full range of 〜: あらゆる〜を吸収する

⓯ launch forth into 〜: 〜を始める

　男性によってフィクションの中で描かれる女性は、愛情深く美しいかもしれないし、邪悪で醜いかもしれないが、それは男性が作り出した架空の存在にすぎない。現実では、女性は家庭に閉じ込められ、夫に支配され、自己表現できない。フィクションでも現実でも、女性は二級市民として扱われてきた。

　ウルフは私たちに、ウィリアム・シェイクスピアにジュディスという名の妹がいたと想像するよう求める。兄のような才能を持ちながら、学校には行かせてもらえず、家にいて家事をするように育てられたと考えてみよう。家事をせずに本を手に取っただけで罰を受ける。そして両親は、彼女が愛してもいない誰かと結婚させようとする。そうではなく、役者になることを望んで彼女はロンドンに逃げる。しかし、女であるがゆえにチャンスは与えられない。やがて彼女は自殺するが、その一方で兄は大いに有名になる。

　ウルフが言いたいのは、執筆には経済的な自立、（鍵のかかる）プライベートな空間、そして自由に使える時間が不可欠だということだ。

　次にウルフは、ジェーン・オースティン、ジョージ・エリオット、ブロンテ姉妹を取り上げ、彼女たちが人物の性格を観察し、感情を分析することでその能力を高めたとコメントする。彼女たちの小説は、母、娘、妻としての女性と、また彼女らの男性との関係について焦点を当てる傾向があると主張する。ウルフが提案するのは、女性の才能を十分に生かす方法として、女性同士の関係を描くことにもっと注目することである。言い換えれば、女性もまた、人としての経験を全面的に取り上げる権利を主張すべきなのだ。

　さらに彼女は、フィクションにとどまることなく、詩や文芸批評、学術研究に着手するよう女性に勧めている。

「自分だけの部屋」（エッセー）
ヴァージニア・ウルフ著／1929年刊

イギリスの主要作家の一人、ヴァージニア・ウルフ（1882-1941）による女性の経済的、および精神的自立を主張した、軽妙な長編エッセー。ウルフによれば、何世紀にもわたる偏見と経済的・教育的不利が、女性の創造性を阻害してきており、「女性が小説なり詩なりを書こうとするなら、年に500ポンドの収入とドアに鍵のかかる部屋を持つ必要がある」として、女性（とりわけ女性芸術家）の地位について主張している。

38 *The Feminine Mystique,* by Betty Friedan

—Giving a Free Voice to American Women—

In the United States, following World War II, it was assumed that women would find their greatest happiness and ❶fulfillment in the routines of domestic life, performing ❷household chores, taking care of children and participating in social life in ❸suburbia.

Friedan's book was one of the first to ❹give voice to women's dissatisfaction and to their ❺yearning for something different. This "problem that has no name" was an unspoken feeling that they were unhappy with their so-called ideal life. Friedan pointed out that their ❻discontent was the result of a deep-rooted sexism that limited women's opportunities.

Her book is not a dry, ❼scholarly work. She describes very personal observations and feelings. There were many other white, college-educated, middle-class women who felt that housekeeping and child-rearing were not greatly fulfilling. ❽Admittedly, the book paid no attention to women of color, women with lower levels of education or working-class women. But it was the first powerful book that showed women were suffering under society's expectations of how they should live their lives. It put into public view the feelings that many women were privately experiencing.

American society was ❾undermining women in order to keep them at home by filling in only one blank — that of occupation: housewife. Married and with three children, as a "housewife," Friedan freelanced for women's magazines to increase family income. At a 15-year college reunion, she surveyed her former classmates, who had once been worried that getting a college education might ❿hamper the raising of a family.

---

❶ fulfillment: 実現、満足感、充足感

❷ household chore: 家事

❸ suburbia: 郊外

❹ give voice to ～: ～に発言権を与える

❺ yearning: 憧れ、思慕、切望

❻ discontent: 不平、不満

❼ scholarly: 学術的な、学究的な

❽ admittedly: 明らかに、ご指摘のとおり

❾ undermine: ～を弱体化させる、～をむしばむ

❿ hamper: 妨げる、阻止する

『新しい女性の創造』
ベティ・フリーダン著
―アメリカの女性に自由の声を―

　第二次世界大戦後のアメリカでは、女性は家事をこなし、子どもの世話をし、郊外の社会生活に参加するという家庭生活のルーティンに、最大の幸福と充足感を見いだすとされていた。

　フリーダンの著書は、女性たちの不満と、それとは違う何かを切望する気持ちを代弁した、最初の本の一つである。この「名前のない問題」とは、いわゆる理想的な生活に不満を抱いているという、声にならない感情であった。フリーダンは、彼女たちの不満は、女性の機会を制限する、根深い性差別の結果であると指摘した。

　彼女の著書は、無味乾燥な学術書ではない。非常に個人的な観察と感情がつづられている。家事や育児にあまり充実を感じられない大卒の白人中流階級の女性は、他にも大勢いた。確かに、この本は有色人種の女性、教育レベルの低い女性、または労働者階級の女性には注意を払っていなかった。しかし、女性がどのように生きるべきかという社会の期待の下で苦しんでいることを示した、最初の力強い本だった。この本は、多くの女性が密かに持っていた感情を世間に知らしめたのだ。

　アメリカ社会は、女性を家に閉じ込めておくために、ただ一つの空欄――"職業：主婦"――を埋めることで、女性を弱体化させていた。既婚で3人の子持ちの「主婦」だったフリーダンは、家計の足しにするためにフリーランスとして女性誌を立ち上げた。大学を出て15年目の同窓会で彼女は、大学教育を受けることが子育ての妨げになるのではないかとかつて心配していた同級生たちにアンケートをとった。

NOTE

［原書の英語の難易度　★★☆☆］

1963年に刊行されたフリーダンのこの著書が一因となり、女性たちは互いに支え合って男性の特権に抵抗するグループをつくり、最終的に1966年にNOW（National Organization for Women＝全米女性組織）を結成するに至る。彼女らは、職場での男女差別を違法とし、女性専門職の数を増やし、中絶の権利を合法化するために活動した（ロー対ウェイド判決）。しかし米最高裁は2022年にこの判決を覆し、再び中絶の権利は認められなくなる。これは時代に逆行する判決として大きなニュースになった。

She discovered that most were now dissatisfied — as she herself was — with the limited world of being housewives and were suffering from a lack of fulfillment. Friedan began to question her own role in life as well.

This questioning ⓫evolved into a book that attacked the ⓬myths of women's happiness and their role in society. She began to realize that something was wrong with the way American women were trying to live their lives. Her book put into words what a lot of women were feeling and thinking. It led to a realization that the problem wasn't the women themselves. The problem was the cultural expectations and structures of the whole society.

The book moved women to join feminist groups and ⓭prompted others to at least seriously consider American society's ⓮faulty thinking. It pointed out her generation's experience of sexism, which many assumed had been defeated when women gained voting rights in 1920 with ⓯the 19th Amendment to the Constitution.

Believing in something mysterious referred to as "the feminine mystique," women were being made to feel that they should not ⓰pursue their own interests. Women were not encouraged to take university education seriously but, rather, to focus on "home economics" courses. The advertising industry focused attention on women becoming efficient ⓱homemakers and persuading them that material possessions would solve their feelings of emptiness. Women who ⓲fell under the spell of the mystique would be discouraged from pursuing activities that would give them a sense of self-fulfillment.

To defeat the feminine mystique, Friedan argued for both individual change and broad social change. The main goal would be to allow women to participate in all parts of society. This, she claimed, would improve the lives of not just women but the quality of everyone's life.

⓫evolve into ～: 進化して～になる、～に発展する

⓬myth: 神話、誤った通念、虚像

⓭prompt: ～を刺激する、～を鼓舞する

⓮faulty: 欠陥のある、不完全な

⓯the 19th Amendment to the Constitution: アメリカ合衆国憲法修正第19条　※p. 48参照

⓰pursue: ～を追求する

⓱homemaker: 専業主婦

⓲fall under the spell of ～: ～に魅了される、～から魔法をかけられる

　彼女らのほとんどは今や満足していなかった、彼女自身と同じように——主婦という制限された世界に生き、充実感のなさに苦しんでいることが分かった。フリーダンもまた、自身の人生における役割について疑問を抱くようになった。

　この疑問は、女性の幸福と、社会における女性の役割に関する神話を攻撃する本へと発展した。彼女は、アメリカ人女性が自分の人生を生きようとする方法が何か間違っていることに気づき始めた。彼女の本は、多くの女性が感じ、考えていることを言語化した。その結果、問題は女性自身にあるのではないという認識に至った。問題は、社会全体の文化的な期待や構造だったのだ。

　この本のおかげで、フェミニスト・グループに参加した女性たちもいれば、そうでなくとも少なくともアメリカ社会の誤った考え方について女性たちが真剣に考えるようになった。また、憲法修正第19条で女性が1920年に選挙権を獲得したときに打倒したと多くの人が思い込んでいた、自らの世代の性差別の経験に目を向けさせた。

　「女性の神秘」と言われる謎めいたものを信じることで、女性は自分の利益を追求すべきではないと感じるようになった。女性は大学教育に真剣に取り組むことを奨励されず、「家庭科」に専念するよう奨励された。広告業界は、女性が有能な主婦になることに注意を向け、物質的な所有物が虚無感を解決してくれると説得した。神秘主義の魔法にかかった女性は、自己実現の感覚を与えるような活動を追求することを思いとどまるだろう。

　女性神秘主義を打破するために、彼女は、個人の変化と広範な社会の変化の両方を主張した。主な目標は、女性が社会のあらゆる分野に参加できるようにすることである。そうすれば、女性だけでなくすべての人の生活の質が向上する、と彼女は主張した。

1970年8月26日、ニューヨークで行われた女性参政権50周年記念イベントでスピーチをするベティ・フリーダン。約5000人のデモ参加者が五番街を行進した。写真：AP／アフロ

『新しい女性の創造』
ベティ・フリーダン著／1963年刊

1957年、母校スミス・カレッジの記念同窓会のためにアンケート調査を依頼されたフリーダン（1921-2006）は、同窓生の多くが専業主婦としての生活に不満を抱いていることに気づいた。この調査を拡大したものが、本書として結実し、出版当初100万部を超えるベストセラーとなった。本書を通してフリーダンは、「1949年以降のアメリカ女性にとって、女性としての充足は専業主婦・母親という一つの定義しかない」という広く共有されていた信念に異議を唱えた。

学校は子どもたちに何を学ばせるべきか

　日本の公立学校が文部科学省の指導の下で運営されているのと違って、アメリカの公立学校制度は、アメリカ教育省 (the U.S. Department of Education) に依存しているわけではない。アメリカの学校は主に州や市区町村といった地方自治体の指導・管理下にあって、これにはいくつかの意味がある。

　各州にはそれぞれ異なる学校管理システムがあり、教科書は州または市区町村によって選ばれる。例えば、ある学区の10年生で教えられていることが、別の学区では9年生で教えられていることもある。つまり、ある家庭が隣りの州へ、あるいは隣りの市へと引っ越すと、子どもたちはまったく違う教科書を与えられたり、違うカリキュラムで学ぶことになったりする。

　このため、教育専門家の中には、全州共通の基本的な「核となる知識（コア・ナレッジ）」に基づくカリキュラムを求める声もある。これは、すべての子どもが同じ学年に同じ教材に触れることを意味する。すべての学校が同じ教科書を使って同じ方法で教えるというところまではいかないが、少なくとも転居したからといって、生徒がある教科やある単元を生涯学ぶ機会を失う、ということはなくなる。

　ところで、アメリカの公立学校制度は、もともと民主的な社会を築くことを目的としていた。そこでは、さまざまな背景、経済階層、家庭文化を持つ子どもたちが協力し合い、お互いから学ぶことができる。その理想が、私立学校に送り込まれる生徒の増加によって脅かされている。

　学校のカリキュラムに不満を持つ親の中には、子どもを公立学校から退学させ、私立学校に入れる人もいる。私立学校には、宗教系の学校もあれば、営利目的の学校もある。多くの州で、「バウチャー制度」を作ろうという動きがあって、これは、税金を納めている親がバウチャーを手に入れることで、税金を使って子どもをこれらの私立学校に入れることができるというものである。

　私立の学校は生徒たちから、さまざまな背景を持つ同級生と接する機会を奪う。同じ社会階層やグループに属する子どもたちと一緒に学べるのは、むろん利点もあるが、異なる人種の人々と交渉したり、コミュニケーションを取ったりする方法は学べない。

　なお学校の予算は、州政府の予算と連邦政府からの補助金で賄われている。低税率を提供して企業や工場を誘致しようとする州も少なくない。これは雇用を増やすかもしれないが、学校予算にはマイナスの影響を与えることにもなりかねない。教師への給与や学校の備品を購入するための資金が減ることにつながる可能性があるのだ。その結果、優秀教師は家族を養うのに十分な給料を得られないため、給料の高い他の州に移り、教育の質が低下する。

　カリキュラムや教科書の選定を管理する地元の教育委員会のメンバーは、選挙で選ばれるため、教育委員会の政治的・社会的見解は、子どもたちに何をどのように教えるかに影響する。

　現在アメリカでは、生徒が小中学校で何を学ぶべきかについて深刻な議論が交わされている。すべての生徒が、アメリカは白人のヨーロッパ人によって建国された素晴らしい国だと学ぶべきなのか。それとも、先住民の移住と虐殺、黒人奴隷制度の残酷さと不道徳さを学ぶべきなのか。英米の作家の作品を読むべきか、それとも、非アメリカ人、アメリカへの移民、黒人作家の作品を読むべきか？　教科書は「良きアメリカ」に焦点を当てるべきなのか、それとも「アメリカの負の側面」も扱うべきなのか。

　大学ですら、大学側のイメージを損なう可能性のある講演者を招くことに抗議する声が上がることがある。2023年7月の『ニューヨーク・タイムズ』紙には、伝統的にリベラルな教育機関であるシカゴ大学の教授が、"The Problem of Whiteness"（白人性の問題）というタイトルの講義を開講したことが批判されたという記事が掲載された。「白人への憎悪が現在の学問的探求の主流である」と告知したことで、SNS上で攻撃を浴びたのだ。

　かつては、人種やジェンダー、その他のマイノリティーについて扱うコースは、カリキュラムに加える価値のあるものだった。とは言え、当時もコースは選択制に限られるべきとされ、必修であれば抗議の的となった。つまり、文学、心理学、社会学、歴史学、その他すべての教科書の選択と課題図書は、何にしろ、昔も今も問題になる可能性を秘めているのだ。

Chapter

8

📖

アイデンティティー

39 The Interpretation of Dreams, by Sigmund Freud

— Insights into the World of Dreams —

First published in German, there are several English translations of this book. Although few Americans have actually read the whole book, its impact has been widely felt in America. Its ideas are common knowledge among educated Americans. As a result, most know about ❶psychoanalysis, the unconscious, ❷dream symbolism and the ❸Oedipus complex.

In Freud's interpretation of dreams, two processes are taking place. One is that unconscious forces create a wish that is expressed in a dream. Another is that the wish is ❹distorted in the dream. Freud ❺put forth the idea that a trained analyst could distinguish between the "remembered dream" and the "underlying meaning of the dream." When we sleep, we have these dreams, and when we wake, we can't ❻tell whether the dream had meaning or not. Therefore, an individual needs an analyst's assistance in interpreting the content.

Some critics ❼contend that Freud's theories about dreams always have a sexual interpretation. But that is not what Freud says. His main point is that understanding what dreams mean is the only way to grasp the unconscious activities of the human mind.

Freud held that each dream has a connection with a previous experience or several experiences, something that usually appeared recently or remains in the mind over a long term. Dreams are like puzzles, which may seem meaningless, but can be a combination of many ❽stimuli, present and past. That is why dreams may seem distorted and hard for the dreamer to understand after waking.

---

❶psychoanalysis: 精神分析 ※フロイトが創始した、心理学の手法およびその体系。人間の行動や神経症治療の方法を、人間の無意識の領域を説明することで解明しようとした

❷dream symbolism: 夢分析 ※フロイトは夢に現れた場面や要素を基に、その人の潜在的な願望を読み取れると考えた。dream interpretation とも言う

❸Oedipus complex: エディプス・コンプレックス ※精神分析において、男児が母を慕い、父を敵視する傾向を指す用語。ギリシャ神話のオイディプスになぞらえて命名された

❹distort: ～をゆがめる

❺put forth ～: ～を提唱する、～を発表する

❻tell: ～を見分ける、～を区別する

❼contend: ～と主張する

❽stimulus: 刺激 ※stimuli は複数形

『夢判断』
ジークムント・フロイト著
―夢の世界への洞察―

　本書の初版はドイツ語で出版されたが、英訳もいくつかある。実際にこの本を全部読んでいるアメリカ人は少ないが、この本の影響力はアメリカで広く感じられる。この本の考え方は教養あるアメリカ人の間では常識だ。その結果、私たちの多くは精神分析、無意識、夢分析、エディプス・コンプレックスについて知っている。

　フロイトの夢の解釈では、2つのプロセスが起こっている。一つは、無意識の力が願望を生み出し、それが夢の中で表現されること。もう一つは、その願いが夢の中でゆがめられることである。フロイトは、訓練された分析家は「記憶された夢」と「夢の根本的な意味」を区別できるという考えを打ち出した。眠っているとき、私たちは夢を見るが、目覚めたとき、その夢に意味があったのか否かは分からない。したがって、個人がその内容を解釈するには、分析者の助けが必要なのである。

　夢に関するフロイトの理論には性的な解釈が付きまとうと主張する批評家もいる。しかし、フロイトの言うことはそうではない。彼の主眼は、夢の意味を理解することが、人間の心の無意識の活動を把握する、唯一の方法だということである。

　それぞれの夢は、一つあるいは複数の過去の経験、たいていは最近現れたもの、あるいは長期にわたって心に残っているものと関係がある、とフロイトは述べた。夢はパズルのようなもので、意味がないように見えるかもしれないが、現在と過去の、多くの刺激の組み合わせである場合がある。夢がゆがんでいたり、夢を見た当人にとって目覚めた後に理解するのが難しかったりするのは、そのためなのだ。

NOTE

[原書の英語の難易度　★★★★]

フロイトが夢の世界を扱う際に導入した考え方は、「心理学」という新しい学問分野の一部となった。英語にはFreudian slip（フロイト的失言、無意識に本音を漏らしてしまうこと）という言葉もあるほど、フロイトはよく知られている。一人ひとりの夢の世界は非常に複雑で理解しにくいものだが、私たちは夢の解釈を試みる。また、彼に続く心理学者たちも、夢が何を意味するのかを解明しようとし続けてきた。

『夢判断』
ジークムント・フロイト著／1900年刊

オーストリアの精神科医ジークムント・フロイト（1856-1939）による『夢』に関する精神分析学の研究書。それまで神秘的で不可解なものとされていた夢が、無意識の自己表現であり、心理的な意義があると初めて明らかにした著書。医師として担当した、事例に関する研究の成果であったが、出版当初は評価されず、初版600部の完売に8年間かかった。

40 📖 *Uncle Tom's Cabin,* by Harriet Beecher Stowe

—Slavery and Christian Morality—

During the period of slavery ❶prior to the Civil War, this anti-slavery novel became widely popular, primarily among white readers in the North. Dramatizing what it was like to live as a slave, the novel promoted the ❷abolitionist movement.

White Kentucky farmer Arthur Shelby and his wife, Emily, treat their slaves with a degree of kindness. But when Shelby finds himself in debt, he decides to sell two of his slaves to a cruel slave trader. One of the two sold is Uncle Tom, a middle-aged man with a wife and children. The other is Harry, the son of Mrs. Shelby's maid, Eliza. The slaves are naturally ❸astounded that they will be separated from their families.

The first dramatic episode is when Eliza takes Harry and ❹flees, hoping to gain freedom. She crosses the half-frozen Ohio River, the boundary between Kentucky and the free states of the North. Slave hunters chase them even in the North, but the mother and son make their way safely with the help of abolitionist ❺Quakers.

Uncle Tom is separated from his family and taken down the Mississippi River to be sold at a slave market. During the trip, Tom encounters a sweet, little white girl named Eva St. Clare, and they quickly become friends. She accidentally falls into the river and Tom jumps in to save her, and her father gratefully agrees to buy Tom. When they reach New Orleans, Tom begins serving the family and becomes close to Eva.

---

❶ prior to ～: ～より前に、～に先立って

❷ abolitionist movement: 奴隷制廃止運動 ※p. 28参照

❸ astound: ～を仰天させる

❹ flee: 逃げる、逃れる

❺ Quaker: クエーカー教徒 ※クエーカーは17世紀半ばにイギリスでジョージ・フォックスを祖として起こったキリスト教プロテスタントの一派。絶対平和主義を特色とする

『アンクル・トムの小屋』
ハリエット・ビーチャー・ストウ著
―奴隷制とキリスト教的モラル―

　南北戦争前の奴隷制時代に、この反奴隷小説は主に北部の白人読者の間で広く人気を博した。奴隷として生きることがどのようなものかをドラマチックに描き、奴隷制廃止運動を推進した。

　ケンタッキー州の白人農夫アーサー・シェルビーとその妻エミリーは、奴隷たちをいくばくかの優しさを持って扱う。しかし、借金を抱えたシェルビーは、二人の奴隷を残酷な奴隷商人に売ることにする。売られる二人のうち一人は妻子ある中年男のアンクル・トム。もう一人は、シェルビー夫人の女中イライザの息子ハリーだ。奴隷たちは当然のことながら、家族と引き離されることに驚く。

　最初の劇的なエピソードは、イライザが自由を得ようとハリーを連れて逃げ出す場面だ。彼女は、ケンタッキー州と北部の自由州との境界である、半分凍ったオハイオ川を渡る。北部でも奴隷狩りに追われるが、奴隷制廃止論者のクエーカー教徒の助けもあり、母子は無事に道を切り開く。

　アンクル・トムは家族と引き離され、奴隷市場で売られるためにミシシッピ川の下流へと連れて行かれる。その途中、トムはエヴァ・セント・クレアというかわいらしい白人の少女と出会い、すぐに仲良くなる。彼女は誤って川に落ち、トムは飛び込んで彼女を助ける。エヴァの父親は感謝して、トムを買い取ることに同意する。ニューオーリンズに着くと、トムは一家に仕えるようになり、エヴァと親しくなる。

『アンクル・トムの小屋』よりトムの死。
エヴァが天上から見守っている。
写真：Universal Image Group／アフロ

During a conversation in the St. Clare house between Eva's father and a cousin, the author presents two Southern viewpoints. St. Clare, although he feels no hostility toward Blacks, ❻tolerates slavery because he feels he is powerless to change it. The cousin, on the other hand, opposes slavery as a system but has deep ❼prejudices against Blacks.

Two years later, Eva grows ill and dies. As a result, St. Clare decides to ❽set Tom free. But St. Clare dies before he can actually give Tom his freedom. St. Clare's widow sells Tom to a cruel plantation owner named Simon Legree, who treats all of his slaves violently. Tom's faith is challenged by the awful treatment that he and the other slaves receive. Tom is beaten harshly, but he forgives Legree before ❾dying a martyr's death.

The various slaves who knew Tom and were helped by him in some way honor him, after they ❿are freed, by visiting Tom's cabin and remembering what a good Christian he was. Eva and Tom live and die to save others, in this life and in the next.

Stowe did not actually visit the South herself, but she heard the stories of Blacks who had escaped the horrors of slavery in the South. The impact of her book strengthened the movement for the ⓫abolishment of slavery in America. While many ⓬pamphleteers published arguments against the evils of slavery, the story she told of her characters' cruel treatment had a much stronger impact.

---

❻ tolerate: 〜を大目に見る、〜を許容する

❼ prejudice: 偏見

❽ set 〜 free: 〜を自由にする、〜を解放する

❾ die a martyr's death: 殉死する

❿ be freed: 解放された

⓫ abolishment: 廃止論者

⓬ pamphleteer: 政治的なパンフレットを書く人

セント・クレア家でのエヴァの父親といとことの会話の中で、著者は南部人の二つの視点を提示する。セント・クレアは、黒人に敵意は持っていないが、自分には奴隷制度を変える力はないと感じ、奴隷制度を容認している。一方、いとこは奴隷制度には反対だが、黒人には深い偏見を持っている。

2年後、エヴァが病気になり、亡くなる。その結果、セント・クレアはトムを自由にすることを決意する。しかしセント・クレアは、トムに本当に自由を与える前に死んでしまう。残されたセント・クレアの妻はトムをサイモン・レグリーという、所有する奴隷たち全員を暴力的に扱う残酷な農園主に売り渡す。自身や他の奴隷たちが受けるひどい仕打ちによって、トムの信仰は試される。トムは過酷な暴行を受けるが、レグリーを許した後、殉教者として死ぬ。

トムを知り、何らかの形で彼に助けられたさまざまな奴隷たちは、解放された後、トムの小屋を訪れ、彼がいかに善良なクリスチャンであったかを思い起こし、彼を称える。エヴァとトムは、現世でも来世でも、人を救うために生き、死んでいく。

ストウ自身は実際に南部を訪れたわけではなかったが、南部の奴隷制度の恐怖から逃れた黒人たちの話を聞いた。彼女の著書の衝撃は、アメリカの奴隷制廃止運動に力を与えた。多くの活動家がビラや小冊子で奴隷制の悪に反対する論考を発表する中、彼女が語った、登場人物たちが受ける残酷な扱いの物語は、はるかに強い衝撃を与えたのだ。

NOTE

[原書の英語の難易度　★★★☆]

この小説は奴隷制廃止運動に大きな影響を与えた。広く読まれ、奴隷制廃止論者でない一般市民にも影響を与えた。今日では大げさに聞こえるかもしれないが、出版当時は、奴隷制度の残酷さを読者がはっきりと理解できるものであった。

しかし20世紀になると、リチャード・ライトやジェイムズ・ボールドウィンといった黒人作家たちによって攻撃され、「アンクル・トム」は白人に従属する、あるいは白人による黒人抑圧に協力するように見える黒人を侮辱する言葉となった。今では、この小説は恩着せがましく、人種差別的と捉えられることさえある。

『アンクル・トムの小屋』
ハリエット・ビーチャー・ストウ著／1852年刊

ハリエット・ビーチャー・ストウ（1811-'96）はアメリカの作家。1832年にオハイオ州のシンシナティで教師となり、同州やケンタッキー州の奴隷の過酷な生活環境を見聞きしていた。本書は、1851年に反奴隷制度運動の機関誌 *National Era* に連載された後、1852年に単行本として刊行され、1年間で30万部売れたとされている。また、同年のジョージ・エイケンによる舞台もヒットした。奴隷解放への世論を喚起する一方、奴隷擁護者は猛反発し、南北戦争の勃発に多大な影響を与えたとも言われている。

41 The Remains of the Day, by Kazuo Ishiguro
—Facing Past Regrets with a ❶Stiff Upper Lip—

Beginning in the period prior to World War II and concluding in 1956, the story is narrated by Stevens, a ❷primly formal English butler who has served two different gentlemen in the ❸mansion known as Darlington Hall. The main stories are his ❹reminiscences of serving Lord Darlington prior to the war and the new owner, Mr. Farraday, an American, and of his six-day road trip through the West Country to visit a former colleague, Miss Kenton, in Little Compton, Cornwall.

Stevens narrates memories from his 34-year career as a butler, beginning with the ❺elaborate dinner parties with prominent guests invited by Lord Darlington. They include German leaders and certain members of British elite society, who, like their host, ❻sympathize with Adolf Hitler, mistaking the intentions of the Nazis. Stevens continues to respect the diseased Lord Darlington as a gentleman but regrets that he was ❼taken in by the Germans. As a consequence, Darlington's reputation was ❽soiled.

Stevens new American employer is more casual than Stevens is used to, and he is not comfortable "❾bantering" with his employer Mr. Farraday. Yet he states a desire to improve his skills in this casual conversation skill in order to please Farraday.

The purpose of Stevens road trip is to visit Miss Kenton, the former ❿housekeeper at Darlington Hall. She left 20 years earlier in order to get married. Stevens has received a letter from her that hints that she might like to return to her position. He ⓫intuits that her marriage has failed.

---

❶ stiff upper lip: くじけずに、頑張って、気持ちを表に出さずに ※「上唇を引き締めて」が原義
❷ primly: 堅苦しく、上品ぶって
❸ mansion: 邸宅
❹ reminiscence: 回想、追憶
❺ elaborate: 手の込んだ、精巧な
❻ sympathize with ~: ~に同情する、~に共感する
❼ be taken in by ~: ~に取り込まれる
❽ soil: ~を汚す、~にシミをつける
❾ banter: 冗談交じりの、からかっている
❿ housekeeper: (女性の使用人を束ねる)家政婦長、女中頭
⓫ intuit: ~を直感する

『日の名残り』
カズオ・イシグロ著
—冷徹に過去の後悔と向き合う—

　第二次世界大戦前に始まり、1956年に完結するこの物語は、ダーリントン・ホールとして知られる邸宅で二人の異なる紳士に仕えてきた、堅苦しく格式ばった英国人執事のスティーブンスによって語られる。主なストーリーは、戦前にダーリントン卿に仕えていた頃と、アメリカ人の新オーナー、ファラデー氏の回想、そしてコーンウォール州リトル・コンプトンに住むかつての同僚、ミス・ケントンを訪ねるための6日間のウェスト・カントリーの旅についてである。

　スティーブンスは、ダーリントン卿が招待した著名な客人たちとの、手の込んだ晩さん会に始まる、彼の34年間を語り出す。招待客の中にはドイツ高官や英国のエリート社会のメンバー何人かがいて、彼らは招待主ともども、ナチスの意図を誤解し、アドルフ・ヒトラーに共感していた。スティーブンスは病床のダーリントン卿を紳士として尊敬し続けるが、彼がドイツ人たちに取り込まれたことを悔やむ。その結果、ダーリントンの評判に傷が付いてしまったからだ。

　スティーブンスの新しいアメリカ人雇用主は、スティーブンスが慣れたやり方よりもカジュアルで、彼は雇用主のファラデー氏との「気さくなおしゃべり」に戸惑う。しかし彼は、ファラデー氏を喜ばせるために、このくだけた会話のスキルを向上させたいと言う。

　スティーブンスの旅の目的は、ダーリントン・ホールの女中頭であったミス・ケントンを訪ねることだ。彼女は20年前に結婚のために出て行った。スティーブンスは彼女から元の職場に戻りたいかのようにほのめかす手紙を受け取っていた。彼は、彼女の結婚が失敗したのだと直感する。

NOTE

[原書の英語の難易度　★★☆☆]

雇い主に細心の注意を払い、敬意を持って仕える執事は、最初は魅力的な主人公には見えないかもしれない。しかし、ストーリーを追ううちに、彼が忍耐と配慮を持って生き抜いてきた状況に同情せずにはいられなくなる。

自分の幸せを犠牲にしてまで他人のために尽くしてきたことが、執事としての彼の誇りなのだ。彼が自らの私的な望みにもっと注意を払わなかったことを悔やむさまに、私たちは心を動かされる。

As he travels, he recalls his long working relationship with her, and it seems that he still has [12] unexpressed romantic feelings for her. As the novel ends, she admits to Stevens that her life might have turned out better if she had married him. Stevens is [13] stunned, but he is incapable of expressing his own feelings for her. They part, and he returns to Darlington Hall. He [14] resolves to [15] perfect the art of bantering, to please his employer.

Stevens has several regrets. First, there is his complete devotion to his first employer, who made a shameful mistake in accepting the Nazi ideology. Second, his commitment to his profession as a butler prevented him from developing a loving relationship with Miss Kenton.

Third, his well-practiced formality has cut him off from close companionship with anyone. His absolute devotion to his profession as a constantly [16] composed butler has taken over his personal life. He has become incapable of real [17] intimacy with anyone.

While the novel is nostalgic for the past, Stevens eventually regrets the choices he has made in life. By the end of the novel, we cannot help sharing his sadness over the losses he cannot [18] overcome, including a warm, loving relationship.

[19] What is done is done, and the only way forward is to somehow develop the skill of bantering that Mr. Farraday seems to desire. While he wonders why Americans prefer such casual and apparently meaningless conversation, he admits that it may be a way to show warmth. That would be quite a change for such a proper and formal butler, whose life has been one of [20] restraint and calm.

---

[12] unexpressed: 心に秘めた、表に出さない
[13] stunned: 度肝を抜かれた、仰天した
[14] resolve to ～ : ～しようと決める
[15] perfect: ～を完全にする、～を遂行する
[16] composed: 落ち着いた、沈着な

[17] intimacy: 親密さ、親交
[18] overcome: ～を克服する
[19] what is done is done: 済んだことは仕方がない
[20] restraint: 自制、慎み

　旅をしながら、彼は彼女との長い仕事上の関係を思い出している。彼はいまだに心に秘めたロマンチックな気持ちを彼女に対して持っているようだ。小説の終盤、彼女はスティーブンスに、彼と結婚していたらもっといい人生になったかもしれないと告白する。スティーブンスは驚きに打たれるが、彼女に対する自分の気持ちを表現することはできない。二人は別れ、彼はダーリントン・ホールに戻り、雇い主を喜ばせるため、雑談の技術を完璧にしようと決意する。

　スティーブンスにはいくつかの後悔がある。第一に、ナチスのイデオロギーを受け入れたという恥ずべき過ちを犯した、最初の雇い主への献身。第二に、執事という職業への専念が、ミス・ケントンとの愛情関係を築くことを妨げたこと。

　第三に、彼は形式を重んじるあまり、誰とも親しく付き合うことができなかった。常に平静を保つ執事という職業への絶対的な献身が、彼の私生活を支配した。誰とも本当の親密さを持てなくなってしまったのだ。

　小説が過去を懐かしむ一方で、スティーブンスはやがて自分が人生で選んだ道を後悔する。小説の終わりには、温かく愛情に満ちた人間関係といったような、克服できない喪失に対する彼の悲しみに、私たちも共感せずにはいられない。

　終わったことは終わったことであり、前進する唯一の方法は、ファラデー氏が望んでいるような、気さくな雑談のスキルをどうにかして身につけることである。なぜアメリカ人はこのようなカジュアルで無意味に見える会話を好むのだろうかと不思議に思う一方で、それが温かさを示す方法なのかもしれないと認める。それは、抑制と平静を旨とする厳格で堅苦しい執事にとっては、大きな変化となることだろう。

『日の名残り』
カズオ・イシグロ／1989年刊

カズオ・イシグロ（1954-）は長崎生まれのイギリスの作家。本作でブッカー賞を受賞した。アンソニー・ホプキンスとエマ・トンプソン主演で映画化もされている。主人公のスティーブンスは伝統的な執事で、控えめで、思慮深く、礼儀正しい。物語の舞台は1958年。スティーブンスのキャリアが終わりを告げようとしている。

彼は、第二次世界大戦中にナチスの支持者として疑いをかけられ、社会的に追放された雇用主ダーリントン卿への忠誠と献身を振り返る。その一方で、屋敷でかつて一緒に働いていたミス・ケントンへの愛に気づくが、この愛は彼の考える奉仕生活と相反するものであった。

42 *Narrative of the Life of Frederick Douglass,* by Frederick Douglass

— The Black Struggle to Equality —

While Harriet Beecher Stowe's *Uncle Tom's Cabin* ❶dramatizes the ❷cruelty of slavery, Frederick Douglass experienced it ❸firsthand. His mother was ❹enslaved, and his father was most likely the white master of a large plantation. Early in life, he is separated from his mother and sold to a distant plantation.

As one of hundreds of slaves on a large plantation, he knows what it is like to be given only the ❺bare essentials of food and clothing, to be ❻overworked, to feel exhausted and to be ❼brutally punished. He learns what it is like to be the "possession" of another human being.

Miraculously, Douglass was able to teach himself to read and write — a skill that had been made illegal for slaves in the South. He became deeply aware of the evils of slavery and also discovered that there was an anti-slavery ❽abolitionist movement.

Douglass describes his determination to escape the South and become a ❾freedman in the North. Despite the threat of punishment, he begins to teach fellow slaves in secret how to read and write and to consider how to escape. In this ❿memoir, he points to the dangers of slavery to all parts of society, to education as a means of defeating slavery, and to slave owners as ⓫corrupt and cruel.

Escaping to New York, he constantly fears being recaptured and changes his name from Bailey to Douglass, eventually marrying a free woman. Together they move to Massachusetts, where he becomes deeply involved as a writer and as an ⓬orator in the abolitionist movement.

---

❶ dramatize: 〜を劇的に表現する

❷ cruelty: 残酷さ

❸ firsthand: じかに、直接

❹ enslave: 〜を奴隷にする

❺ bare essential: 必要最低限の必需品

❻ overworked: 働き過ぎの

❼ brutally: 残酷に、容赦なく

❽ abolitionist movement: 奴隷制度廃止運動 ※p. 28参照

❾ freedman: (奴隷から解決された) 自由民

❿ memoir: 回顧録、自叙伝

⓫ corrupt: 堕落した

⓬ orator: 演説家

『フレデリック・ダグラス自叙伝』
フレデリック・ダグラス著
─平等のための黒人の闘い─

　ハリエット・ビーチャー・ストウの『アンクル・トムの小屋』が奴隷制度の残酷さをドラマチックに描いているのに対し、フレデリック・ダグラスは奴隷制度を直接体験した。彼の母親は奴隷となり、父親はおそらく大農園の白人主人であった。ダグラスは幼い頃に母親と引き離され、遠くの農園に売られる。

　大農園の何百人もの奴隷の一人として、彼は必要最低限の食事と衣服しか与えられず、酷使され、疲弊し、残酷な罰を受けることがどんなことか知っている。彼は、他の人間の「所有物」であることがどのようなものかを学ぶ。

　奇跡的に、ダグラスは読み書きを独学で学ぶことができた──これは南部の奴隷にとって違法とされていた能力だ。彼は奴隷制度の悪を深く認識するようになり、反奴隷制、奴隷制度廃止運動があることも発見した。

　ダグラスは、南部を脱出して北部で自由民になる決意を語る。処罰の脅威にも関わらず、彼はひそかに奴隷仲間に読み書きを教え、脱出する方法を考え始める。この回想録の中で彼は、社会のあらゆる部分における、奴隷制の危険性、奴隷制を打ち破る手段としての教育、そして奴隷所有者が堕落し残酷であることを指摘している。

　ニューヨークに逃れた彼は、再逮捕されることを常に恐れ、名前をベイリーからダグラスに変え、やがて自由民の女性と結婚する。二人は共にマサチューセッツに移り住み、そこで彼は作家として、また演説家として奴隷制度廃止運動に深く関わるようになる。

NOTE

[原書の英語の難易度 ★★★☆]

本書に黒人が書いた、あるいは黒人にまつわる物語を数多く収録したのは、過去2世紀にわたり、こうした作家たちと書籍が、アメリカ社会について異なる視点を提示してきたことに目を向けてもらうためだ。もちろん、書き手が誰かに関係なく、真剣に注目する価値のある文学作品を選んでいる。公民権運動が起こるまで、黒人や彼らの関心事には十分な注意が払われてこなかったが、アメリカの読者はようやく彼らの作品、そして他の有色人種やLGBTQの作家、外国語の翻訳作品にも興味を持ち始めた。また、アメリカの若い世代は、アニメや漫画、そして日本の伝統文学にも、「標準的な」アメリカ文学とは異なる魅力を感じている。

　アメリカ人は今、アメリカ文化や歴史に深い洞察を提供する非白人の作家に、より一層、注目しているのだ。

His *Narrative* points out that white slave owners maintain the system of slavery by keeping their slaves ignorant, unable to read and write. Douglass describes how whites tried to convince themselves that Blacks were inferior to whites from birth. It was therefore a waste of time to teach them to become ⓭literate. And if by chance Blacks did become literate, it would be dangerous for whites. Therefore, whites made it illegal to teach Blacks to read. Blacks were only to be used as "workers" for whites.

In addition, because slaves were treated as property, whites could sell them ⓮at will. Douglass was separated from his own mother early in life, a tragedy that many Blacks experienced. Black families could be completely broken up by selling one member or all of them to different white owners in different parts of the country.

Frederick Douglass is one of a limited number of slaves who became literate and able to describe slavery based on personal experience. That makes his *Narrative* an important record of ⓯enslavement, separation, violence, escape and determination to end slavery.

The book became fundamental reading for students and adults who felt the need to understand the beginnings of Black culture in America. ⓰The Civil Rights Movement and ⓱Black Lives Matter movement have ⓲taken up the issues of that period and the ⓳Jim Crow ⓴segregation period that followed. The roots of this continuing racism are described painfully in the *Narrative*.

⓭ literate: 読み書きができる
⓮ at will: 意のままに、自由に
⓯ enslavement: 奴隷状態、奴隷化
⓰ the Civil Rights Movement: 公民権運動
　※p. 28参照

⓱ Black Lives Matter movement: BLM運動
　※p. 28参照
⓲ take up ～: ～（問題など）を取り上げる
⓳ Jim Crow: ジム・クロウ法　※p. 48参照
⓴ segregation: 隔離

　この自伝は、白人の奴隷所有者が、奴隷を無知で読み書きもできないままにしておくことで奴隷制度を維持している、と指摘している。ダグラスは白人が、黒人は生まれながらにして自分たちより劣っていると信じ込もうとしたことを記している。従って、彼らに読み書きを教えるのは時間の無駄であり、万が一黒人が読み書きできるようになったとしても、白人にとっては危険なことだというのだ。そこで白人は、黒人に文字を教えることを違法とした。黒人は白人の「労働者」として使われるだけの存在だった。

　さらに、奴隷は所有物として扱われたため、白人は彼らを自由に売ることができた。ダグラスは人生の早い時期に実の母親から引き離されたが、これは多くの黒人が経験した悲劇である。黒人の家族は、そのうちの一人、あるいは全員が国内の異なる地の白人所有者に売られることで、完全に解体されることもあった。

　フレデリック・ダグラスは、識字能力を身につけ、自身の体験に基づいて奴隷制について記述できるようになった、数少ない奴隷の一人である。そのため彼の自伝は、奴隷状態、離別、暴力、逃亡、そして奴隷制を終わらせる決意についての、重要な記録となっている。

　この本は、アメリカにおける黒人文化の始まりを理解する必要性を感じている学生や大人にとって、必須の読み物となった。公民権運動とブラック・ライブズ・マター（BLM）運動は、この時代とそれに続くジム・クロウ法による隔離時代の問題を取り上げている。今も続くこの人種差別の根源は、本作品の中で痛ましく描かれている。

フレデリック・ダグラス（1818-
'95）。
写真：Everett Collection／アフロ

**『フレデリック・ダグラス自叙伝』
フレデリック・ダグラス著／1845年刊**

黒人の演説家であり元奴隷だったフレデリック・ダグラスの回想録。独学で読み書きを覚えた奴隷として、過酷な人生と自由人になるための野望を描き、奴隷制に関する論考としても貴重な記録である。事実に基づいた自身の生涯が描かれており、19世紀初頭のアメリカにおける奴隷制度廃止運動に最も影響を与えた文学作品の一つとされている。今なお、アメリカで多くの人々に読み継がれている。

なぜあの本は選ばれていないのか

　読書を通じて異文化に出会ったとき、私たちは次第に、自分自身の過去の経験や育った文化だけでは、その本で起こることのすべてを理解することはできないと気づく。私たちが感じる根本的なギャップの一つは、自分の「知識基盤」が他言語の本から発見するものとは違うということだ。

　しかし、その異なる「知識基盤」は、その本に書かれている考え方に触れ、あるいは誰かと議論することで確実に得られる。この本は、英語話者が読書を通じて蓄積する「知識基盤」の一端に、日本人の英語学習者に効果的に触れてもらうために著した。この本の選書においては、「日本語の知識基盤」とは異なる「英語の知識基盤」を構築するための出発点となるかどうかを意識している。

　そしてもし皆さんが「会話英語」と「読むべき英語／書かれた英語」の間には大きな隔たりがあると思っているなら、その考えを払拭していただきたい。英語で読むと、英語で考える習慣が身につく。これは英会話にも通じるスキルだ。また、英語を読めば単語やフレーズ、異なるトーン、文の流れの感覚が身につく。これらは間違いなく、リスニングのスキルや言語を操るスキルに引き継がれる。フレーズを丸暗記し、それをそのまま会話に入れよ、ということではないが、英語の世界に身を置き、数分から数時間、日本語の世界から離れてみてはどうだろう。そうすることで、英語と英語圏の人々の文化を理解し、あるいは理解できそうだという自信を得ることができる。

　ここでは本書において、なぜこの本を選び、あの本を選ばなかったか、私が注意を払ったいくつかの基準を挙げておきたい。

●方言の使用

　英語を母国語としない読者にとって、おそらく克服するのが難しいと思われる課題の一つが、英語の「方言」だろう。日本語でも津軽、東京、大阪、沖縄で育った日本人の話し方がそれぞれ違うように、アメリカ英語にもさまざまな方言がある。そして、ここに収録した本の中にも方言を使って重要なテーマを語るものがある。

　小説『カラーパープル』では、語り手のセリーが無学であることが方言の使い方

から分かる。読者がアメリカ南部出身でない限り、彼女が語る内容は、最初のうちは少し理解しづらいだろう。しかし、次第に読み書きを学び、文法や語彙が上達していく。それは、彼女がどのように変化していくかを示す芸術的な手法なのだ。ただし、方言に大きく依存している本の中には、たとえそれが優れた内容であっても、意識的に選書リストから外したものが多くある。

●邦訳で読めるもの

また、なぜ多くの日本人が邦訳で知っているような作品が載ってないのかと思うかもしれない。例えば、〇・ヘンリー、アーサー・ミラー、トルーマン・カポーティ、スティーブン・キング、レイモンド・チャンドラーなどは、優れた作家であるにも関わらず、紹介していない。あなたのお気に入りの一冊が入っていなかったとしても、どうか気を悪くしないでほしい。また、アガサ・クリスティーやアーサー・コナン・ドイルによる魅力的なベストセラー推理小説や、ダン・ブラウンの『ダ・ヴィンチ・コード』のような、楽しみのために読む小説は除外することにした。読む価値がない、というわけではない。多くの皆さんは、その内容はすでにご存じだろうから、邦訳で読んでも英語で読んでもよいと思う。

●重要だが理解が難しい古典

アメリカの大学の課題図書には、ソクラテス、プラトン、アリストテレス、ホメロス、ミルトン、ダンテなどの古典が含まれることがよくある。私はまた、シェイクスピアとチョーサーという英文学の基本的な創作者を避けてきた。批評家の中には、彼らの作品は西洋の規範の一部、つまり西洋的な考え方を形成する重要な書物だと言う人もいる。しかし、これらは日本人の英語学習者には特に役に立たない。日本語であったとしても読みづらく、実のところ、真の意味で理解するのは不可能かもしれない。しかしこれはもちろん、そうした著作が重要ではないという意味ではない。

●あえて外した作家たち

最後に一言、私自身が好きな作家を何人か紹介していないことを、少々残念に思う。アメリカ南部の出身である私にとって、ユードラ・ウェルティと、医者から小説家に転身したフェロール・サムスの著作は特別だ。彼らの短編や小説は絶対的な

喜びをもたらし、南部人なら誰でも気づく欠点や長所をすべて備えた登場人物を描き出している。しかし、南部アメリカ方言になじみのない読者にとっては、ウェルティやサムスの作品を理解するのは難しい。

　また、ノーベル文学賞を受賞したソール・ベローは、英語を母国語とする読者にとってさえあまりに内容が濃く、あまりに知的なため、本書では涙をのんで除外した。彼の短編小説『宙ぶらりんの男』（*Dangling Man* / 1944年刊）を理解するには、アメリカ史のある時代についての幅広い知識が必要だし、大作『ハーツォグ』（*Herzog* / 1964年刊）を味わうには西洋哲学者についての幅広い知識が必要だ。

　英語力を向上させ、英語圏の人々の世界観への理解を広げるためにも、「英語の知識基盤」を形づくるのに値する作品を読んでいただきたいと思い、選書を試みたが、これはあくまでも主観的なものである。要約を読み、本の概略をつかんだら、英語でも何冊か挑戦してみてほしい。

著者

ジェームス・M・バーダマン（James M. Vardaman）

早稲田大学名誉教授。1947年アメリカ、テネシー州生まれ。プリンストン神学校教育専攻、修士。ハワイ大学大学院アジア研究専攻、修士。専門はアメリカ文化史、特にアメリカ南部の文化、アメリカ黒人の文化。著書に『アメリカの小学生が学ぶ歴史教科書』（ジャパンブック）、『アメリカ黒人史——奴隷制からBLMまで』（ちくま新書）、『ミシシッピ＝アメリカを生んだ大河』（講談社選書メチエ）、『毎日の英単語』（朝日新聞出版）、『3つの基本ルール＋αで英語の冠詞はここまで簡単になる』（アルクライブラリー）ほか多数。

VARDAMAN'S STUDY　　　https://www.jmvardaman.com/
「バーダマンの英語随筆」　note.com/vardamansnotes

教養あるアメリカ人が必ず読んでいる 英米文学42選

発行日　2024年1月19日（初版）
　　　　2024年6月 6 日（第2刷）

著者　　　ジェームス・M・バーダマン
校正　　　Margaret Stalker、Peter Branscombe
編集協力　挙市玲子
デザイン　二ノ宮匡（nixinc）
DTP　　　株式会社創樹
印刷・製本　萩原印刷株式会社

発行者　　天野智之
発行所　　株式会社アルク
　　　　　〒141-0001　東京都品川区北品川6-7-29　ガーデンシティ品川御殿山
　　　　　Website：https://www.alc.co.jp/

地球人ネットワークを創る

アルクのシンボル
「地球人マーク」です。